할 수 있다 생각하고
방법을
찾아봅시다

할 수 있다 생각하고
방법을 찾아봅시다

**월가 시각장애인
애널리스트**

**신순규
에세이**

"행복은
오늘을 보는 마음"

판미동

머리말 | 두 눈 크게 뜨고 세상을 살았다면 8

1장

난 아내의 말을 듣지 않기로 했다

우리는 사랑하는 이들에게서 얼마나 떨어져 있나 17
반가운 출근길 23
전쟁 중에도 우리의 일은 계속된다 28
삶의 여행에서 만드는 것들 33
아이를 위한 주식 교실 38
지금 떨어지는 것이 롤러코스터인가, 주가인가, 내 눈물인가? 44
아들의 오스카상을 위하여 49
난 아내의 말을 듣지 않기로 했다 55
인격 높은 CEO의 기업에만 투자할래요 60
비리의 유혹에서 자신을 지키는 법 65
부모가 아이를 위해 할 일, "렛 잇 고" 70
BTS보다 버크셔 주총이 좋은 이유 75

2장

할 수 있다 생각하고 방법을 찾아봅시다

우리 사회에도 '우영우' 같은 자폐인 변호사가 나올 수 있을까? 83
할 수 있다 생각하고 방법을 찾아봅시다 88

사람은 자신을 품어야 어른이 된다	94
장애인을 위한 스마트 사회	99
요 정도 부탁은 괜찮겠지?	104
이윤보다 중요한 것	109
욕심과 두려움 사이, 놓치면 안 되는 가치 판단 감각	114
위험을 무릅쓰고 '옳은' 선택을 해야 할 때	119
낙관의 렌즈	124
최악의 경우에 대비해야 하는 이유	129
당연한 것이 가장 위험해	134
손녀 이름 잊은 아버지에게 이 약이 '작은 희망'이 될까	139
스마트 총과 전세 사기	144
나의 '인생 선생님'들 *Let's hope so.*	149

3장
'올인'하는 사회에서 살아남는 법

모두가 즐거워하는 '파티'에서 질문하기, "만일 내가 틀렸다면?"	157
'올인'하는 사회에서 살아남는 법	162
베테랑 펀드매니저 빌 황은 왜 수조 원을 잃었나	167
배트맨 티켓 두 장, 팝콘&콜라 라지, 그리고 금 한 돈 주세요!	172
그들이 우리가 될 때: 우버와 택시가 한배, 아니 한차를 타다	177
투자는 카지노 게임이 아니야	183
코인으로 돈을 벌고 싶다고?	188

성공의 아름다움을 추구할 기회	193
국민의 돈을 보호하는 법	198
믿음에 대하여	203
원칙에도 예외가 있다	208
위탁받은 딸과는 자가 격리도 함께 못 한다고?	214
격리의 터널 끝에는	220
냉정과 화병(火病) 사이	225

4장

오늘은 퍼펙트데이, 거의 - 단상들

멘탈 픽처, 아빠와 사슴 가족	233
아내의 가늘어진 팔	235
'와우!' 다음은 뭘까?	237
'우리'에 갇힌 강아지	239
오늘은 퍼펙트데이, 거의	242
정말 내 탓이 아닐까?	245
베팅하지 않는 사람들	248
선택에 따라 감당해야 하는 것들	251
더 미루면 안 돼	254

완전히 틀렸다는 사실을 알게 된다면?	257
온화하기로 결심한 그날 저녁	261
자랑스러운 유권자의 탄생	264
좋은 사람들이 더 많은 세상	267
약속을 지키는 최고의 방법, 머니	270
창피한 일을 웃음으로	273
감사절에 특별히 감사하게 된 이유	276
기억에 남을 일, 마음에 남을 일	279
행복은 오늘을 보는 마음	282
헤어져 있어도, 가족!	285
오삼염일, 특별한 크리스마스 선물?	289
견뎌 내고 배우며 성장하다	292
행운목에 꽃이 핀 1월	295
1,461일의 딜레마, 답은 노래하며 지내기	298
내가 반대하는 이가 바른말을 할 때	301
옳은 것보다 더 나은 것	304

맺음말 | 아름다운 음악, 아름다운 세상   308

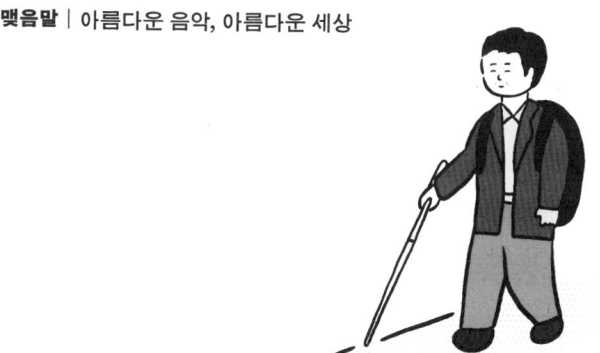

머리말

두 눈 크게 뜨고
세상을 살았다면

나는 아홉 살 때 시력을 잃었다. 거의 50년 동안 누구의 팔을 잡거나, 흰 지팡이나 안내견의 도움을 받아 장애물 가득한 세상을 걸어 다녔다. 두 번째 안내견이었던 옐로우 래브라도 리트리버 빅(Vic)의 뼛가루를, 그의 선임이었던 지기(Ziggy)가 묻힌 뉴저지 집의 검은호두나무 밑에 묻으며 나는 다짐했었다. 나에게 세 번째 안내견은 없을 거라고.

안내견은 보통 18개월에서 두 살 사이에 시각장애인 주인과 생활을 시작한다. 시각장애인을 안내하고 그의 안전을 책임지는 스트레스 때문에, 일반 애완견들보다 명이 짧다.

그래서 주인과 10년 넘게 동행하는 안내견은 매우 드물다. 나 역시 차 사고로 다섯 살이던 지기를 잃었고, 급성 간장병으로 열 살이던 빅을 하늘나라로 보냈다. 살아 숨 쉬며 생각하고, 때로는 신호등을 무시하는 운전자로부터 주인을 보호하기 위해 '불순종'까지 감행하는 안내견을 흰 지팡이로 대체해 본 이들은 안다. 매일 걸어 다녔던 곳들이 갑자기 낯설게 변한다는 것을. 내가 미처 몰랐던 수많은 장애물을 탐지하게 된다는 것을. 내가 상상했던 거리들이 사라진 것 같았고, 완전히 새로운 도시에 선 듯했다.

그리고 그 낯섦은, 단지 내 감각 속에서의 변화만은 아니었다. 나에게 아메리칸 드림을 선사했던 미국이 요즘 비슷한 느낌을 준다. 분극화(分極化)를 부추기는 이들의 선동에 휘말려, 외모나 의견, 신앙, 혹은 가진 것이 다르다는 이유만으로 타인을 혐오의 눈초리로 바라보는 사람들이 많아졌다. 43년 전에 떠나왔고, 지금은 내가 '모국'이라 부르는 한국 역시 이러한 변화를 피하지 못하고 있는 듯하다. 2025년 현재, 미국이든 한국이든 우리는 매우 크게 변해 버린 세상 속에 살고 있다.

아내는 가끔 이런 말을 한다. 내가 시각장애인이 아니었다면, 더 큰 일을 할 수 있었을 거라고. 아내가 말하는 더 '큰

일'은 대단한 커리어의 성공도 아니고, 많은 장애인의 삶을 바꾸는 혁신적인 발명도 아니다. 부당하게 피고인석에 앉게 된 이들을 구해 내는 정의의 용사 같은 업적은 더더욱 아니고, 청소년들의 지성을 키우고 마음을 움직여 세상을 변화시키는 지도자의 길로 인도하는 선생님이나 성직자의 사역도 아니다.

아내가 말하는 '큰 일', 시각장애로 인해 내가 할 수 없게 된 '큰 일'의 사례는 여럿 있다. 증권 분야에서 일했다면, 내가 31년간 해 온 지루한 애널리스트 일이 아니라, 며칠 만에 몇 배로 돈을 불리거나 아니면 그 반대로 나만이 아니라 내 고용주 기업까지 폭삭 망하게 할 수도 있는 트레이더 일을 했을 거란다. 또 내가 어렸을 때, 어머니가 알고 지내던 같은 학교의 학부형이 "순규가 할 일이 뭐가 있겠나. 목사나 되겠지."라고 말씀했던 것처럼 정말 내가 시력이 멀쩡한 목회자의 길을 걸었다면, 나를 따르는 성도들이 수백만 명에 이르는, 마치 교주 같은 인물이 되었을 거라고 아내와 딸은 말한다. 그리고 아들까지 포함해 가족 모두가 가장 다행스럽게 여기는 일은 내가 정치와 관련된 일을 하지 못한 것이다. 다들 동의하는 바가 있기 때문인데, 내가 그쪽으로 진로를 잡았더라면 나는 한 나라를 쥐락펴락하는 정치인이 되었거나 장기간의 징역형을 선고받고 감옥살이를 하는 죄수가 되었을 거란다.

시각장애로 인한 현실적인 어려움들을 덜어 내려는 노력이 내 삶에 필요하지 않았다면, 나는 정말 아내와 아이들이 말하는 것처럼 그렇게 요란한 삶을 살았을까? 곰곰이 생각해 보니, 사실 간이 매우 큰 트레이더나 교주와 같은 종교 리더가 되는 데 시력이 꼭 필요한 것은 아니라는 결론에 이르렀다.

그래서 내가 만일 장애인이 아니었더라면 과연 어떤 삶을 살았을지 상상해 보았다. 눈으로 볼 수 있었더라면, 나는 적어도 사회를 시끄럽게 하지만 의미 있는 결과를 이끌어 내는 정치 운동을 그저 지켜보고만 있지는 않았을 것 같다. 장애가 없는 신순규는, 어린 학생들이 희생된 총기 사건 직후 벌어지는 총기 규제 시위에 단순히 참여하는 데 그치지 않고, 앞장서서 일을 더 크게 만드는 데 일조했을지도 모른다. 한국에 사는 정안자 신순규는 세월호 침몰 사고 직후 뉴스만 보며 집에 앉아 있지는 않았을 것 같다. 눈이 성한 SK Shin은 자연재해나 전쟁 등으로 극심한 고통을 겪고 있는 이들에게 단지 소액의 기부금만 보내는 삶을 살지는 않았을 것이다. 그리고 2025년 10월 현재, 눈이 성한 쉰여덟 살의 나는 식량 부족으로 아이들까지 굶어 죽어 가고 있는 가자 지구로 가겠다고 가족을 설득하고 있을지도 모른다.

시각장애는 나에게 바꿀 수 없는 현실이다. 그렇다고 해서, 이 장애 때문에 급속도로 변질되어 가는 세상을 그저 속수무책으로 지켜만 봐야 할까? 나는 그렇지 않다고 믿는다. 틀림없이 내가 할 수 있는 일이 있다. 2020년대를 살아가는, 가까이 혹은 멀리 있는 나의 이웃들에게 소망을 전하는 일은, 시력을 되찾는 기적이 없어도 충분히 내가 할 수 있는 일이다. 서로를 이해하고 감싸 주는 일은, 내가 속한 작은 공동체, 가족이나 교회 혹은 직장 등에서부터 시작할 수 있다.

언젠가부터 마음속에 자리 잡은 분노와 슬픔, 심지어 절망감에서 빠져나오려고 몸부림치며 써 온 이야기를 이제는 독자들과 나누고 싶다. 회색빛 감정의 충동과 과격한 표현들로 가득한 생각에 시달리며 하루하루를 버텨 온 시간이 어느덧 3년을 넘겼다. 그 삶의 여행 끝에 내가 사랑하는 사람들이 있었고, 나의 작은 노력으로 밝은 빛을 볼 수 있게 된 사람들도 있었다. 그리고 무엇보다도, 낙천적인 태도로 힘차게 앞으로 나아갈 때나 비관적인 확신에 사로잡혀 스스로를 괴롭힐 때나, 언제나 함께해 주신 하나님이 있었다.

그분의 곁으로 가는 날까지 이어질 이 회복의 여정 속에서, 내가 보기 시작한 이 빛으로 주변을, 그리고 세상을 비추고 싶다.

2025년 가을, 뉴저지에서
신순규

1장

난 아내의 말을 듣지 않기로 했다

우리는 사랑하는 이들에게서 얼마나 떨어져 있나

나를 열다섯 살 때부터 키워 준 미국 맘(Mom)은 자식들이 대학을 가기 위해 떠날 때, 차로 집에서 네 시간 정도의 거리가 적당하다고 말했다. 미국 북동부 코네티컷주에 사는 내 동료는 대학을 고르는 딸에게 로키산맥 서쪽으로는 절대 가면 안 된다고 명령 비슷한 부탁을 했고, 내 아내 그레이스는 어렸을 때부터 아들에게 우주선을 타는 꿈은 절대 꾸지 말라고 했다. 그리고 내가 좋아하는 한 소설 시리즈의 주인공은 이렇게까지 말했다. "태어난 곳에서, 낳아 주신 부모님과 함께 사는 것이 최고다."

나는 오랫동안 '떠나온 자식'으로 살았다. 그러다 몇 년 전엔 '떠나보낸 아빠'가 되었고, 심지어 작년 8월부터 12월까지는 대서양 건너 어린 아들을 잠시 떠나보내기도 했다. 도대체 왜 우리는 이렇게도 핏줄과 멀리 떨어져 사는 일을 '서슴지 않는' 걸까?

아흔네 살에 가까운 미국 대드(Dad)는 막내아들이 몇 년 전에 설치해 드린 컴퓨터로 다섯 곳의 날씨를 매일 확인한다. 딸이 있는 메인주와 콜로라도, 아들이 있는 시카고와 뉴질랜드, 그리고 그가 70여 년 전에 미 공군 장교로 봉직했던 그린란드까지. 나는 대드와 한 시간 남짓한 거리에 살기 때문에, 그가 매일 보는 날씨 지도에 내가 사는 북뉴저지 마을은 포함되지 않는다. 주말에 전화하면, 대드는 각 지역의 온도 차이를 늘 이야기한다. 오늘 아침엔 시카고나 메인주보다 그린란드가 더 따뜻하다고 감탄을 덧붙이며. 과연 대드는 정말 날씨가 궁금한 걸까?

너무 멀리 떨어져 살다 보니, 대드는 두 아들과 쌍둥이 딸들을 1년에 두 번 볼까 말까 한다. 2005년 12월에 맘이 일흔세 살의 나이로 세상을 떠났을 때, 우리는 대드에게 매주 두 번씩 전화하자고 약속했다. 나를 포함해 자식이 다섯이니 월, 화, 수, 목, 금요일 중 하루씩 맡고, 토요일과 일요일에 한 번씩 더 전화하자는 계획이었다. 한동안은 그렇게 하기도 했다.

맘이 훈련시켰던 고양이가 오랫동안 친구이자 자식처럼 곁을 지켰지만, 2년 전 세상을 떠났다. 완전히 혼자가 된 대드는 경제적으로 넉넉한데도 1964년에 맘과 함께 산, 낡고 큰 농가에서 여전히 살고 있다. 그가 전화할 때마다 빼놓지 않고 하는 말이 있다. "아이 두 더 베스트 아이 캔, 소 롱 애즈 아이 캔.(I do the best I can, so long as I can, 내가 할 수 있을 때까지, 최선을 다할 거야.)"

토요일마다 나는 또 한 분께 전화를 건다. 한국에 계신 여든네 살의 어머니다. 이렇게 매주 통화한 것이 벌써 30년이 넘었다. 1982년 미국 유학을 왔을 때만 해도 국제전화는 매우 비싼 사치였다. 저렴한 시간대에도 1분에 1달러 48센트였으니 명절이나 생일과 같은 특별한 날에만 용건만 간단하게 통화할 수 있었다. 그러다 1990년대, 저렴한 폰카드와 다양한 국제전화 요금제가 나오면서 길게 통화하는 것이 가능해졌고, 그 주에 일어났던 사소한 해프닝까지 어머니와 재밌게 이야기 나눌 수 있었다. 팔이 아파 전화를 끊어야 할 정도로 오래 통화한 적도 많았는데, 이런 나를 보고 그레이스는 신혼 시절, 마마보이와 결혼했다며 다투기도 하고 또 걱정도 많이 했었다.

그런데 무제한 국제전화가 가능한 요즘, 오히려 어머니와의 통화는 짧아졌다. 오래전 일들은 잘 기억하시지만, 근래에 있었던 일이나 좀 전에 얘기했던 것들을 자주 잊으시는 어머니와의 대화가 갈수록 간단해지기 때문이다. 또 같은 이야기를 거의 매주 반복하는데, 당신의 손자 데이비드가 대학에 갔다는 말은 적어도 40번은 한 것 같다. 하버드에는 지원조차 하지 않았다는 말도 20~30번은 했나. 30여 년 전부터 만난 둘째 며느리, 근주(그레이스)의 이름을 물어볼 때도 있다. 그래도 다행히 10년 전에 우리 가족이 된 손녀 예진이는 기억하고 잘 지내는지 묻는다. 의사가 당신을 치매 환자 취급을 한다며 짜증을 낼 때도 있다.

처음엔 당황하고, 화도 나고, 슬프기도 했다. 1980년 초 과외 금지법이 생겨 현직 교사에게 내가 피아노 레슨을 받을 수 없게 되자, 청와대까지 항의하러 갔던 어머니였다. 어린 시각장애인 아들을 유학 보내려는 결심을 꺾으려던 문교부 직원에게 호통치며 기어코 허가를 받아 낸 어머니였다. 삼 형제를 힘껏 키워 낸 여장부였던 어머니의 기개가 점점 사라지는 것 같아서 나는 슬펐다.

2019년 11월에 아버지가 돌아가시고, 팬데믹으로 고립된 생활이 이어지면서 어머니는 조금씩 달라졌다. 전화할 때마다 기력이 떨어지고, 기억이 흐릿해지고, 무엇보다 아들과 대화하고 싶어 하던 의욕도 줄어들었다. 하지만 나는 그런 어머니를 이해하려 애썼고, 같은 얘기를 반복하는 일도 이젠 익숙해졌다. 그럼에도 형이나 동생처럼 매주 찾아뵙지 못하는 것이 여전히 죄송하고 슬프다. 나는 왜 이렇게 먼 곳에 와서 살고 있는 걸까?

이제는 나도 스마트폰 위치 추적 앱을 하루에도 몇 번씩 확인하는 아빠가 되었다. 딸은 우리 집에서 389마일(626킬로미터) 떨어진 캠퍼스 아파트에서, 아들은 149마일(240킬로미터) 떨어진 학교 기숙사에서 살고 있다. 집에 자주 온다 해도 1년에 서너 번뿐이다. 미국 문화의 관점에서 보면, 대학 졸업 후 아이들이 집으로 돌아올 가능성은 크지 않다.

나는 무엇이든 할 수 있다 생각하고 방법을 찾으려 노력한다. 하지만 성경에도 나와 있듯, 우리는 부모를 떠나야 한다. 근처 동네로든, 몇백몇천 마일 떨어진 곳으로든. 경제적으로나 심리적으로 우리는 결국 부모를 떠나고 자식들을 떠나보내며 살아간다. 그립고 서럽기까지 한 이 운명 같은 일에는 별 뾰족한 방법이 없는 듯하다. 다만, 지금 있는 자리에서 서로에게 최선을 다하며, 할 수 있을 때까지 마음과 행동으로 서로를 감싸고 사는 수밖에.

지난해 연말부터 어머니가 거의 매주 나를 보고 싶다는 말씀을 하신다. 그래서 올해부터는 힘들더라도 매년 두 번은 한국에 가기로 했다. 엄마 보러.

2024.04.30.

반가운 출근길

크리스마스 예배를 드리기 위해 모처럼 온 가족이 교회에 갔다. 나와 아내, 대학 3학년 1학기를 마치고 집에 온 딸 예진이와 고3 아들 데이비드, 그리고 할아버지와 할머니까지. 예배가 끝나고 오랜만에 보는 많은 이들과 인사하고 대화를 나눈 뒤, 교회 문을 나섰다. 그런데 왜 선물을 건네는 이들은 다 아내에게 주는 걸까? 차 안에서 왜 내게 선물 주는 사람이 하나도 없느냐고 불평하자 아내가 말하기를, "그러니까 인간관계를 잘했어야지."

2021년 여름 어느 날이었던 것 같다. 출근하는 꿈을 꿨다. 지하철 문이 열리자, 흰 지팡이로 플랫폼 바닥을 쳤다. 시각장애인이 자신의 위치를 확인하는 방법이다. 1994년부터 이용했던 월가 역이었다. 아주 익숙한 곳, 마치 고향에 온 것 같은 감정에 마음이 들떴다. 지하철에서 내려 왼쪽으로 돌면 위층으로 올라가는 계단이 나온다. 첫 계단에 올라서는 순간, 잠이 깼다. "아, 꿈이었네!"

이 꿈에 대한 나의 반응이 사실 놀라웠다. 2020년 3월 9일부터 나는 전일 재택근무를 했다. 출근하는 날이면 세 시간 반 정도를 길에 버리고 지냈던 터라, 재택근무가 싫지는 않았다. 그런데 왜 출근하는 꿈에서 깨면서 그렇게 큰 실망의 말을 내뱉었을까?

2022년 8월부터 드디어 다시 출근하기 시작했다. 회사에서는 출근 여부를 자발적으로 선택할 수 있도록 정했다. 우선 일주일에 하루만 사무실에 가기로 했다. 아침 일찍 북뉴저지에 있는 집을 떠나 바깥세상으로 향하는 일상이 다시 시작됐다. 6시 25분 기차 시간에 맞춰 아내가 나를 차로 역까지 바래다준다. 역 문 앞에 정확하게 차를 세워 주는 아내에게 손을 흔들고 돌아서서 더듬지도 않고, 정확하게 문고리를 잡아 문을 연다. 그리고 통근 기차를 한 번 갈아타고 뉴욕시로 들어간다. 그 후 지하철을 이용해 월가로 향한다.

누가 봐도 나는 외향적인 사람이다. 그래서 그랬을까? 첫 출근을 하던 날 뉴욕행 기차 플랫폼에서 새 친구를 사귀게 됐다. 우리 업계에서는 누구나 아는 자산운용 기관에서 일하는 S는 한국에서 이민 온 나와 비슷한 1.5세 한국계 미국인이었다. 언제 한번 만나서 식사하자는 말을 하고 헤어졌는데, 그가 정말 곧 연락을 해 와서 점심 식사 일정을 잡았다. 그에게 내 책 두 권을 선물했고, 그는 바로 책을 다 읽었다고 연락을 줬다. 또 소셜미디어 링크드인에 내 책을 읽고 느낀 점들을 올리기 시작했다. 그 후, 부부 동반으로도 두 번이나 만나 식사를 했다. 10월 초부터 일주일에 이틀 출근을 하기 시작하면서 S를 더 자주 만나곤 한다. 긴 시간을 길거리에 버리고 다니는 생활이 다시 시작되었지만, 나는 벌써 오래 갈 친구 한 명을 얻었다.

언젠가 한 동료가 말했듯 나의 외향성 제곱인 'EE' 성격 때문이었을까? 나는 사무실 근무도 새 동료들과 관계를 만드는 기회로 쓰기 시작했다. 오랫동안 전 직원 중 약 96%가 재택근무를 했기 때문에 그동안 새로 고용된 동료들과는 직접 만난 적이 없었다. 줌으로 인터뷰하고, 전화로 환영 인사 나누고, 이메일, 채팅 등을 통해 일을 같이 해 왔지만, 커피를 같이 마시거나 식사를 하며 개인적인 대화를 나눠 본 적은 없었다. 그래서 나는 첫 출근을 하던 날부터 매일 약속을 만들어 갔다. 나와 같이 일하는 애널리스트 동료들과는 점심 식사를, 부서는 다르지만(예를 들어 마케팅부) 함께 일해 온 직원들과는 커피와 간식을 같이 먹으며 관계를 맺기 위해 노력했다. 원래 우리 회사에는 새 직원의 첫날에 그를 밖으로 데리고 나가 식사를 대접하는 관례가 있었는데, 팬데믹 동안에는 그런 환영을 받은 직원이 아주 드물었을 거라 생각된다. 그래서 나와 같은 팀에 들어온 애널리스트들은 내가 각각 초대해서 점심 식사를 사 주기도 했다.

마지막으로 소셜미디어를 통해 알게 된 지인들 중 만남을 요청하는 분들과는 직접 만나려고 노력했다. 한 TV 프로그램에서 내가 했던 말, 베이글에는 크림치즈와 딸기 잼을 둘 다 발라 먹는 거란 말을 기억하신 한 분은 베이글을 사 들고 찾아왔다. 금융을 공부하는 학생들도 몇 명 만났고, 줌을 통해 대화하기도 했다. 8월에는 한 교회에서 요청한 간증집회를 위해 여섯 시간 비행기를 타고 남캘리포니아에 갔는데, 역시 소셜미디어를 통해 지인이 된 분이 나를 만나기 위해 교회로 찾아왔다. LG전자에서 가전제품의 접근성을 위해 노력하는 직원들은 아예 미국 출장 중 나를 찾아와 대화를 나눴다. 그 만남이 인연이 되어 11월 한국에 갔을 때 본사에 초청받아 경영진과의 간담회와 디자이너들을 위한 강연까지 하게 되었다.

  이렇게 만나 짧은 시간을 보낸 분들 중 몇 명이나 관계를 오래 지속적으로 유지해 갈 친구가 될까? 나이 오십이 넘은 사람이 새로운 친구를 사귀게 되는 것은 극히 힘든 일이 아니던가? 하지만 평생 같이 갈 친구는 언제나 우리 일상으로 찾아올 수 있다고 생각한다. 내 삶을 돌아보면 예고 없이 들이닥친 해프닝으로 인해 소중한 친구를 얻기도 했다. 2003년 여름, 뉴욕시와 근교가 갑자기 정전이 되면서 걸어서 퇴근해야 하는 상황이 생겼다. 그때 같이 걸어 준 동료 G는 그 후 나와 16년간 약 2,400킬로미터를 함께 걷는 친구가 되었다. 3년 전 퇴직을 했지만, 아직도 자주 통화하고 가끔 만나기도 한다.

  올해 내가 만난 사람들 중 S를 포함해 두 명만이라도 마음을 털어놓을 수 있는 친구가 된다면 나는 인간관계를 잘한 한 해로 기억할 것이다. 크리스마스 선물을 받기 위해서가 아니라, 점점 살기 어려워져 가는 세상을 잘 견뎌 내고 외로워질 수 있는 여생을 의미 있고 즐겁게 보내기 위해서 꼭 필요한 건 돈이 아니라 우정이기 때문이다.

2022.12.31.

전쟁 중에도
우리의 일은 계속된다

요즘 증권가뿐만 아니라 많은 사람이 크게 염려하는 두 가지가 있다. 바로 인플레이션과 전쟁이다. 어떤 이들은 우크라이나 전쟁이 인플레이션을 더 심각한 문제로 만들 거라고 우려한다. 실제로 러시아가 우크라이나를 침공하면서 원유와 가스 가격이 가파르게 상승했고, 세계 공급망에 대한 압박도 앞으로 더 심화될 전망이다. 그 결과, 코로나 시국에도 계속 올랐던 주가가 흔들리고, 그동안 계속 내려가기만 했던 회사채의 이자율도 변동하기 시작했다. 물가가 계속 오른다는 것은 곧 현금과 주식을 비롯한 금융 자산의 가치가 떨어진다는 의미기도 하다.

회사채를 발행하는 기업들을 분석하는 내 입장에서는, 오랫동안 매입보다는 매각 결정을 더 자주 내려야 했다. 이자율이 낮을 때는 채권 가격이 비싸기 때문에, 바이어 입장인 나로서는 살 만한 증권, 즉 튼튼한 기업이 발행하는 저렴한 채권을 좀처럼 찾기 어려웠다. 그런데 러시아가 우크라이나를 본격 침공한 날부터 약 일주일 동안, 나는 새로운 기업 채권 세 종목을 매입할 수 있었다. 무려 9500만 달러의 고객 자산을 투자한 것이다.

평소 같았으면 트레이드 성공 메시지를 받을 때마다 환호성을 지르거나 손뼉을 쳤을 텐데, 이번엔 그때마다 깊은 한숨이 나왔다. 매입을 결정할 정도로 채권 가격이 떨어지고 이자율이 오른 이유를 나는 알고 있었기 때문이다. 우크라이나에서는 전쟁으로 고통받는 사람들이 많은데, 그 불행을 이용해 이득을 얻었다는 생각이 쉽게 머릿속을 떠나지 않았다.

곰곰이 생각해 보니, 증권 시장은 참으로 냉정한 곳이라는 결론을 내릴 수밖에 없었다. 자본주의 사회에서는 가슴의 요동을 억누르고 이성적인 판단에 따라 결정을 내려야 하는 순간이 많다. 한국에 상장된 러시아 ETF가 폭락하자 많은 이들이 해당 펀드를 매입했다는 뉴스를 보고 짜증이 났었는데, 그 또한 자본주의 사회에서 나올 수 있는 '합리적인' 투자 결정일지도 모르겠다는 생각이 들었다.

 나는 뮤지컬을 좋아한다. 그중에서도 가장 좋아하는 작품은 「지붕 위의 바이올린」이다. 최근 알게 된 사실인데, 이 뮤지컬의 주인공 테비예(20세기 초 다섯 딸을 키우던 가난한 유대인)가 살던 아나테브카는 러시아가 아닌 우크라이나의 작은 마을이었다. 요즘 들어 그 뮤지컬의 한 장면이 자주 떠오른다.

 유대 전통에 의지하며 외부와 거의 단절된 삶을 살던 공동체에, 키예프에서 대학을 다니던 청년 페르칙이 찾아온다. 러시아인들에게 억압받던 유대인들의 권리를 되찾겠다는 열정으로 가득 찬 청년이었다. 그가 아나테브카 주민들에게 바깥세상 소식에도 관심을 가지라고 하자, 마을의 한 어른이 이렇게 말한다.

 "내가 왜 바깥세상 일에 머리를 깨뜨려야 해? 그네들 머리나 깨뜨리라고 해."

 이에 테비예와 페르칙은 이런 대화를 주고받는다.

 테비예: 네 말이 맞아.

페르칙: 난센스! 우리도 이젠 바깥세상에서 일어나는
　　　　일을 알아야 해요.
테비예: 네 말이 맞아. 저 사람 말도 맞고, 이 사람 말도
　　　　맞네. 두 사람 말이 다 맞을 수 없지 않나?

　겉으로는 상반된 듯 보이는 의견이지만, 양쪽 모두 타당할 수 있다고 오래전부터 나는 생각해 왔다. 하루아침에 전쟁터가 된 지역 주민들에 대한 걱정. 조국을 지키기 위해 혹은 정치 지도자들의 결정에 따라 전투에 나서는 청년들. 전쟁으로 고아가 되거나 난민이 되는 사람들. 생명, 건강, 재산, 삶의 이유까지 잃어버린 이들을 향한 안타까움. 내가 할 수 있는 일이 거의 없다는 무력감과, 그래도 무언가 해야 한다는 책임감. 이런 엇갈린 감정 속에서도 애널리스트 책상에 앉아 맡은 일에 충실해야 하는 근무 시간이 어김없이 찾아온다.

　러시아 대통령 푸틴을 지지한다는 이유로, 혹은 러시아가 일방적으로 일으킨 전쟁을 비난하지 않는다는 이유로 해고된 러시아 출신 유명 음악가들의 소식도 들려왔다. 반면, 클라이번 국제 피아노 콩쿠르 측은 다른 소식을 전했다. 경연에 참가할 예정인 젊은 피아니스트 72명 중 15명이 러시아

인인데, 이들 모두 예정대로 6월 텍사스에서 열릴 콩쿠르에 참가하게 될 거라는 발표였다. 누군가는 해고되고, 누군가는 꿈꾸던 무대에 오른다. 누가 누구를 옳고 그르다고 쉽게 판단할 수 있을까? 냉전이 극에 달했던 1958년, 미국인 피아니스트 반 클라이번이 모스크바에서 열린 차이콥스키 국제 피아노 콩쿠르에 참가해 우승했던 역사를 떠올리면, 그의 이름을 딴 콩쿠르 측의 결정도 이해가 된다.

이번 주에도 전쟁 소식은 계속 나의 마음을 흔들 것이다. 그러나 나는 고객들을 위해 투자 기회를 찾는 일을 멈추지 않을 것이다. 또 한 가지, 전쟁으로 고통받는 우크라이나의 아이들과 부모를 돕는 비영리 단체를 찾아 지원금도 보낼 것이다. 평화로운 미국 뉴저지에 사는 중년 시각장애인 애널리스트가 할 수 있는 일이 고작 이 정도뿐이라는 사실이 그저 안타까울 뿐이다.

2022.03.07.

삶의 여행에서
만드는 것들

지난 토요일, 우리 가족이 사는 뉴저지주 노스 헤일든(North Haledon)에 눈이 내렸다. 신경 쓸 일이 많았던 한 주의 기억을 조금이나마 깨끗하게 씻어 주려는 듯, 몇 시간 동안 펄펄……. 나는 앞을 보지 못하지만, 아내는 높은 언덕 위 우리 집에서 바라보는 눈 내린 풍경이 참으로 아름답다고 종종 말한다. 물론 그렇다고 뉴스 때문에 곤두서 있던 지난주의 긴장을 완전히 지울 수는 없었지만 말이다.

일주일 전 월요일 아침, 데스크에 앉아 일을 시작했을 때 브렌트유 가격은 이미 배럴당 139달러까지 치솟았다가

130달러 수준으로 내려온 상태였다. 그 여파로 미국 휘발유 가격이 전국 평균 기준 일주일 만에 17% 넘게 올랐고, 디젤 가격도 19% 가까이 상승했다. 아직 이런 변동이 반영되지 않은 미국 소비자물가지수(CPI)도 이미 7.9% 올랐다는 뉴스가 이어졌다. 인플레이션은 앞으로 더 심화될 것이 분명했다. 너무 높아진 물가 속에, 소비를 줄일 수밖에 없는 생활환경이 만들어지고 있었다.

그러나 전쟁의 대가를 직접 치르는 우크라이나 국민을 떠올리면, 인플레이션을 걱정하는 것조차 죄스럽게 느껴진다. 러시아의 침공은 시작된 지 2주 만에 250만 명의 난민을 '만들었고', 포위 공격을 당한 여러 도시에는 200만 명이 넘는 사람들이 갇히는 상황을 '만들었다.' 목숨을 걸고 탈출하는 사람들을 생각하면, 그저 자비를 구하는 기도밖에 나오지 않는다.

그 주 월요일 저녁부터 내 머릿속을 계속 맴돈 단어가 하나 있다. 눈치가 빠른 사람들은 이미 짐작했겠지만, 바로 '메이크(make)', 즉 '만들다'라는 단어다. 탁해진 마음을 깨끗하게 만들어 주는 하얀 눈, 높은 물가가 만드는 힘겨운 생활, 인간의 욕망이 만드는 전쟁, 전쟁이 만드는 난민, 포위 공격이 만드는 비참한 현실……. 이 단어가 떠오른 건, 그날 저녁 아내와 함께한 특별한 경험 때문이었다.

얼마 전 지인이 피아노 연주회 표를 선물해 주었다. 우리 부부의 결혼기념일이 3월 9일인데, 3월 7일에 열리는 콘서트 표였다. 우리는 26년의 결혼 생활을 이틀 먼저 기념하기로 하고, 집에서 90분 거리에 있는 프린스턴의 맥카터시어터센터(McCarter Theatre Center)로 향했다. 한국인 최초 쇼팽 콩쿠르 우승자인 조성진 피아니스트의 연주회가 처음은 아니었다. 3년 전 카네기홀에서 그의 연주를 듣고 큰 감동을 받았기에 이번에도 기대가 컸다.

2019년 1월에 들었던 그의 연주에서 나는 우주의 소리, 신비의 소리를 경험했다. 여든여덟 개의 건반에서 그런 장대한 파노라마가 펼쳐질 수 있다는 사실에 감동받았다. 그런데 이번 퍼포먼스는 사뭇 달랐다. 그의 열 손가락이 피아노 위에서 완전한 자유를 얻은 듯, 물리적 한계를 넘어 자신이 원하는 음악을 마음껏 창조해 내는 것 같았다.

26년을 함께 살다 보면 배우자가 무슨 생각을 하는지 정확하게 짐작할 때가 많다. 쇼팽의 곡 중 하나를 듣던 나는 불현듯 웃음이 터졌다. 콘서트를 마치고 집으로 돌아오는 차 안에서 아내가 말했다.

"당신, 아까 기가 막혀서 웃었지?"

맞다. 아주 오래전에 내가 같은 곡을 쳤을 때를 떠올리며 기가 막혀서 웃었던 것이다. 어떻게 같은 곡이 이렇게 다르게 들릴 수 있을까. 마치 전혀 다른 곡을 듣는 듯했다.

그때 깨달았다. 나는 어렸을 때 피아노를 10년간 '쳤고', 대부분의 사람들도 피아노를 '연주'하지만, 조성진의 음악에는 그 플레이(play)라는 동사가 어울리지 않는다는 것을. 그는 음악을 '만드는' 사람이었다.

He does not just play the piano; he makes music.
그는 단지 피아노를 치는 게 아니야, 음악을 만들지.

'메이크(make)'라는 단어를 이렇게 오래 곱씹어 본 적이 있었던가. 수준 높은 예술적 성과에는 반드시 '메이크'가 들어가야 한다고 생각한다. 음악뿐만이 아니라 마음을 울리는 그림, 환상적인 피겨 스케이팅, 평안을 주는 인테리어 디자인에도 '메이크'가 어울린다. 오랜 세월 삶을 같이한 결혼 생활에도, 여러 증권과 전략의 조합으로 구성되는 투자 포트폴리오까지도 이 단어가 맞다.

우리는 노력과 시간, 인내와 재능으로 원하는 것을 만든다. 그것은 아름다움과 만족을 만들 수도 있고, 혹은 고통과 파괴를 만들 수도 있다. '전쟁을 하다' 역시 영어로는 '메이크 워(make war)'다. 결국 무엇을 만들지는 우리의 선택에 달려 있다.

며칠 동안 스스로에게 물었다. 나는 무엇을 만들며 살고 있는가. 내가 작성하는 기업 분석 자료나 글보다 더 가치 있는 '만듦'은 결국 관계일 것이다. 아내와의 관계, 자녀와의 관계, 가족·친구·동료들과의 관계가 내게 더 우선적으로 '메이크' 되어야 한다는 생각이 들었다. 사람을 향한 관심과 배려와 보살핌은 수고와 희생이 필요한, 인간만이 할 수 있는 예술이라 믿기 때문이다.

2022.03.14.

아이를 위한
주식 교실

데이비드는 열네 살이 될 때까지 돈 맛을 몰랐다. 용돈을 달라고 한 적도 없었고, 크리스마스나 생일에 받은 돈을 부모에게 맡긴 뒤에는 금세 잊어버리기도 했다. 심지어 크리스마스에 할아버지, 할머니가 주신 돈을 잃어버리고도 별로 속상해하지 않았다. 그래서 나는 꾀를 내어, 선물로 받은 돈과 원하는 것들을 산 금액을 종종 장부에 적게 했다. 하지만 아들은 그것조차 내가 시켜야만 겨우 기록했다. 자신의 이름으로 은행 계좌까지 만들었지만, 은행 앱도 휴대폰에 다운로드하지 않았다. '돈에 집착하지 않아서 다행인가.' 하는 마음 반, '너무 돈에 센스도, 욕심도 없는 것 아닌가.' 하는 걱정 반이었다. 대체 이 험한 세상을 어떻게 살아가려고?

문제의 2019년 여름, 열네 살이 된 아들과 7년 만에 한국에 갔다. 그런데 친척과 내 친구들이 아이에게 용돈을 주는 게 아닌가. 미국 친척들이 주던 50달러 수준보다 훨씬 더 큰 액수가 손에 들어오자 아이의 태도가 달라졌다. 낯가림이 심한 성격인데도 내 친구들을 곧잘 만났다. 그리고 아들은 미국으로 돌아와서는 한국에서 받은 돈에 자신이 원래 갖고 있던 돈을 보태 꽤 비싼 맥북을 샀다. 그리고 드디어 은행 앱도 설치했다.

그러던 지난주 수요일 저녁, 식사 중에 아들이 뜻밖의 주제를 꺼냈다. 주식을 배우고 싶다며 기초를 알려 달라는 것이었다. 투자에 관련된 책도 몇 권 추천해 달라고 했다. 아내와 나는 입이 다물어지지 않았다. 2년 가까이 재택근무하는 아빠를 보며, 아들은 '증권 분석만큼 지루한 일은 없다.'라고 말하곤 했었는데……. 훗날 어떤 직업을 선택할지는 모르겠지만, 증권 일은 아닐 거라고도 했었는데……. 그랬던 아이가 주식을 배우고 싶다니!

다른 어른들이 그런 요청을 해 온 적은 많았다. 그럴 때마다 내가 하는 첫마디는 늘 같았다. "자본시장은 투자금을 가진 투자자와 투자금이 필요한 기업인으로 구성되는데……." 하지만 아들에게는 이렇게 시작하면 안 될 것 같았다. 역시 아빠가 하는 일은 지루하다는 확신을 심어 주고 말테니까. 잠시 고민하다가 한 회사가 떠올랐다. 아들이 즐겨 보는 넷플릭스를 이용해 주식을 설명해 주자는 생각이었다. 마침 다음 날 오후 넷플릭스의 2021년 4분기 결과 발표가 예정돼 있기도 했다.

우선 상장 회사를 설명했다. 일반인이 주식을 사서 주주가 될 수 있는 회사를 '공개 기업(Public Company)'이라고 하는데, 이런 기업에 대한 정보는 누구나 찾아볼 수 있다고 말했다. 그러고 나서 아들에게 주식 앱을 열어 상장된 기업을 찾아보게 했다. 애플, 구글, 아마존, 디즈니, 넷플릭스 등. 그리고 물었다. 넷플릭스 주가에 가장 큰 영향을 미치는 건 뭐라고 생각하느냐고. 아이는 곧바로 대답했다. 구독자 아니겠느냐고.

나: 왜 그렇게 생각해?
아들: 넷플릭스에 돈을 내는 사람들이 구독자들이니까요.

꽤 빨리 정답으로 다가간 아이에게 나는 영화 DVD를 우편으로 배달했던 넷플릭스의 초창기 이야기를 들려주고, 그때도 구독자 증감이 주가에 큰 영향을 미쳤다고 말했다. 이어 넷플릭스가 구독자를 위해 쓰는 비용에 관해 설명하면서 이윤율을 설명했고, 구독자와 매출 그리고 이윤에 따라 달라지는 성장 추세도 알려 주었다. 결국 기업의 가치는 이윤 액수와 성장률에 의해 결정된다고 강조하면서 첫 레슨을 마쳤다.

그런데 실적 발표 직후 넷플릭스의 주가는 20% 넘게 떨어졌다. 금요일 저녁, 아들은 이해가 되지 않는다며 나에게 물었다. 구독자가 830만 명이나 늘었는데 왜 주가가 하락했느냐고. 나는 설명해 주었다. 주가는 과거 성과보다 미래에 대한 기대치에 더 크게 좌우된다고. 회사 성과가 애널리스트들의 기대치보다 높으면 주가가 오르고, 낮으면 내린다고도 덧붙였다. 실제로 2021년 4분기 구독자 증가는 애널리스트들의 예상치였던 830만 명과 일치했지만, 2022년 1분기에 경영진이 제시한 추가 구독자 전망치는 250만 명으로, 애널리스트들의 기대치였던 580만 명에 크게 못 미쳤다. 바로 이 낮은 전망 때문에 많은 투자자들이 주식을 팔았을 것이라고 아들에게 말해 주었다.

아들은 다시 물었다. 전 세계 유료 구독자가 2억 2200만 명이나 되는데, 앞으로 3개월간 구독자가 300만 명 적게 늘어날 거라는 예측만으로 주가가 이렇게 크게 폭락할 수 있느냐고. 게다가 주가가 최고치였던 작년 11월 중순보다 40% 넘게 떨어지지 않았느냐고.

나는 잠시 생각해 보다가 아들에게 되물었다.

나: 그래서 넌 지금 넷플릭스를 사야 할 것 같아?
아들: 모르겠어.

나는 그 대답이 마음에 들었다. 이해하지 못한다는 사실을 인정하는 것은 중요하다. 아들은 기업 분석을 해 본 적이 없고, 결정을 성급히 내리지 않았다. 얕은 지식이 위험하다는 걸 아는 걸까?

나는 기업 가치를 측정할 줄 알아야 한다고 아들에게 말해 주었다. 기업 가치를 계산하는 방법은 여러 가지가 있지만, 자신만의 방법을 정해 일관성 있게 적용하는 투자 철학이 꼭 필요하다고 말이다. 그래야 단기적인 주가의 움직임이 절호의 기회인지, 위험한 유혹인지 구분해 낼 수 있지 않겠는가.

나는 아들이 스스로 판단할 수 있도록 디즈니, 코카콜라,

맥도날드 같은 회사를 소개해 주었다. 또 스스로 배울 수 있도록 책 한 권(『워런 버핏 웨이』, 로버트 해그스트롬 지음)도 추천했다. 데이비드가 어떤 투자자로 성장할지 자못 궁금하다.

2022.01.29.

지금 떨어지는 것이 롤러코스터인가, 주가인가, 내 눈물인가?

며칠 전 밸런타인데이에 아내를 위한 꽃이나 선물은 없었다. 아내 역시 내가 좋아하는 초콜릿을 사지 않았다. 결혼 26년 차 부부답게 우리는 '쿨하게' 밸런타인데이를 보내기로 했다. 그런데 그날, 아들 데이비드가 뜻밖의 제안을 했다. 며칠 뒤 로스앤젤레스로 대학 캠퍼스 투어를 가기로 했는데, 하루만 더 시간을 내어 디즈니랜드에 가자는 것이었다. 새로운 놀이기구가 많아 꼭 가 보고 싶다고 했다. "그래, 기분이다!" 결국 나와 아내는 디즈니 입장권을 샀다.

그날 또 하나 산 것이 있다. 2년 만에 산 주식이었다. 오랫동안 눈여겨본 L사의 주가가 2020년 8월에 비해 3분의 1 토막이 나 있었다. 하지만 나는 L사의 본래 가치가 적어도 그날의 주가보다 두 배 이상은 된다고 믿었다. 그렇게까지 떨어진 것은 투자자들의 과민한 반응 탓이라 생각했던 것이다. 그날부터 나는 L사의 주주가 되었다.

며칠 뒤, 우리는 예정대로 데이비드와 함께 로스앤젤레스로 떠났다. 비행기로 다섯 시간이 넘는 여정이었다. 대학 입시를 6개월 앞둔 아들은 그곳에 있는 두 대학을 가고 싶어 했다. 아들을 그렇게 먼 곳으로 보내는 것이 마음에 걸렸지만, 봉준호와 스티븐 스필버그 같은 세계적인 영화감독이 되겠다는 아들에게 그보다 나은 선택지는 없어 보였다. 그렇게 시작된 캠퍼스 투어. 그런데 그 투어 도중에 러시아가 우크라이나를 침공할 거라는 소식이 증시를 뒤흔들면서 며칠 전 산 주식이 5%나 떨어지고 말았다.

캠퍼스 투어는 기대 이상으로 만족스러웠다. 아들은 로스앤젤레스 캘리포니아대학(UCLA)과 남캘리포니아대학(USC) 모두 마음에 들어 했는데, 특히 스티븐 스필버그가 세 번이나 불합격 통보를 받았다는 USC를 더 좋아했다. 학비와 기숙사비가 더 비싼 사립대학이기는 했지만, 둘 중 어디든 합격만 한다면 얼마나 좋을까 생각하며 우리는 디즈니로 향했다. 아들이 디즈니 앱을 활용한 덕분에 하루 만에 아홉 개의 놀이기구를 탈 수 있었다. 그 덕분에 나는 증시 상황을 서너 번밖에 확인하지 못했고, 20% 가까이 더 하락한 L사의 주가에도 크게 흔들리지 않았다. 주식보다 중요한 건 점점 심각해지는 우크라이나 상황이었으니 때가 되면 L사의 주가가 제 가치를 회복할 것이라 믿었다.

디즈니랜드의 '빅 선더 마운틴 열차'는 서부 개척 시대의 탄광 열차를 재현해 놓은 놀이기구다. 그 앞에 줄을 서다가 문득 기억 하나가 떠올랐다. 2010년 여름, 미국에서 나를 키워 준 가족과 함께한 여행이었다. 열다섯 살 때부터 나를 키워 준 미국 맘이 세상을 떠난 지 5년 만의 여행이었다. 미국 대드와 20명이 넘는 자녀, 손자, 손녀들이 콜로라도의 리조트로 모였다. 당시 다섯 살이던 아들은 어디서든 활기찼다. 나이 지긋한 어른들이 좋아할 만한 온천에서도 신나게 뛰어다녔다. 그 여행에서 아들이 가장 기대했던 것은 콜로라도주의 옛 광업 도시에서 듀랑고 증기 기관차를 타는 일이었다.

데이비드는 기차를 좋아했다. 「토마스와 친구들」 애니메이션을 보고 또 봤다. 세상의 색깔과 숫자를 토마스를 통해 배울 정도였다. 그러니 듀랑고 증기 기관차를 보고 흥분하지 않을 수 없었다! 증기 기관차는 석탄으로 증기를 발생시켜 엔진을 움직였고, 높은 산을 오르는 옛 서부 기차의 모습을 그대로 간직하고 있었다. 그러나 행복할 줄만 알았던 아들의 여행은 아빠 때문에 눈물로 얼룩지고 말았다. 그때 내 신경이 아이가 아닌 다른 데에 가 있었기 때문이다.

그해 여름, 나는 영국 석유 회사 브리티시 페트롤륨(British Petroleum, BP)의 주식을 사고파는 옵션 트레이딩을 하고 있었다. BP사가 역사에 남을 만한 환경 재난을 일으킨 바로 그해였다. BP사의 석유시추선 '딥워터 호라이즌'의 해저 석유 굴착 장치가 폭발해 11명이 사망하고, 17명이 크게 다쳤으며, 약 320만 배럴의 원유가 바다로 흘러나왔다. BP사는 3개월 동안 원유 유출을 막으려 애썼지만, 주식은 뉴스에 따라 급등락을 반복하며 춤을 췄다. 그런 상황에서의 옵션 트레이딩은 일종의 도박이었다.

가족과 함께하면서도, 아들이 그렇게 기대한 증기 기관차를 타면서도 내 신경은 온통 BP사 주가에 쏠려 있었다. 10분마다 주가를 확인했다. 석탄재가 눈에 들어갈 수 있으니 3달러짜리 안경을 사서 아이에게 주자는 아내의 말조차 들리지 않았다. 오히려 장사꾼들의 속임수라며 화까지 내기도 했다. 그러다 결국 아이 눈에 석탄재가 들어갔고, 재를 빼내

느라 아들은 눈물이 쏙 빠지도록 울어야 했다. 주식에 정신이 팔린 아빠가 아들에게 최고의 추억이 될 순간을 망쳐 버린 것이다.

 12년 전 후회를 반복할 수는 없다. 그래서 이번 캘리포니아 여행에서는 같은 실수를 되풀이하지 않았다. 주가가 22% 떨어져도 흔들리지 않았다. 대신 아들과 놀이기구를 즐기는 데 집중했다. 아무리 놀이기구 열차가 급강하한다 해도, '아, 내 주가도 이렇게 떨어지는 건가.'라는 생각을 하지 않아야만 한다. 바닥이 어디인지 감히 가늠하려는 것도 금지다. 비명을 지르는 아내의 손을 잡을 여유까지 보이면 금상첨화다. 만약 이렇게 즐길 수 없다면, 주식 투자는 애초에 손대지 말아야 한다는 것이 나의 오랜 생각이다.

2022.03.05.

아들의 오스카상을 위하여

아무리 내 몸에서 나온 자식이라도, 아무리 닮은 얼굴과 생각, 버릇을 지녔다고 해도. 아이는 누구나 둘도 없는 독특한 인격체라는 사실을 세상의 부모라면 다 알 것이다. 나와 그레이스의 아들, '데이비드 패트릭(정택) 신'은 2005년 4월 25일 오전 10시 10분. 뉴욕 맨해튼의 한 병원에서 태어났다. 울음소리가 웅장하기는커녕, 마치 "왜 날 세상에 나오게 했어요?"라고 불평하는 듯한 짜증 섞인 소리였다. "엄마 배 속에 잘 있었는데……." 어쩌면 아들이 내가 상상했던 아이가 아니라는 사실을 깨달은 것은 그때부터였는지도 모른다.

많은 가정의 맏이들처럼, 결혼식 후 아홉 달 만에 태어나야 할 것 같은 아이였다. 그러나 아이는 무려 아홉 해가 지나서야 태어났고, 그걸 미안해하는 울음소리는 분명 아니었다. 시력이 전혀 없어서인지 소리에 민감했던 나는, 생후 10주가 되던 7월 4일 독립기념일에야 아들이 경쾌하게 웃는 소리를 들을 때까지 본인의 뜻과는 상관없이 그 애를 억지로 세상에 불러낸 건 아닌가 하는 걱정을 가끔 했었다. 언젠가 아들이 "왜 날 낳았어요?"라고 따진다면 어쩌나 하는 두려움이 있었기 때문이다. 다행히 아직 아들의 입에서 그런 말이 나온 적은 없다. 아직은.

나는 흔들의자에 앉아 아기를 안고 자장가를 불러 주는 걸 좋아했다. 「섬집아기」를 흥얼대면서 아기를 재우곤 했다. 그런데 세 돌이 되기 전 어느 날, 옆에 누워 자장가를 불러 주던 내게 아이는 짜증 난 투로 말했다. "아빠, 스탑 싱잉.(Stop singing, 노래 그만 불러.)" 그리고 네 번째 생일 후 어느 날에는 아들에게 이런 말을 들었다. "유 아 낫 더 보스 오브 미.(You are not the boss of me, 아빠가 내 보스가 아니야.)" 누가 가르쳐 준 것도 아닐 텐데, 도대체 어디서 그런 생각이 나온 것일까?

열두 살 되던 해 크리스마스 날. 나는 아이에게 산타클로스에 대한 진실을 말해 주었다. 아이도 선물을 많이 받기 위해 연극을 하고 있다고 생각했기에 이제는 솔직해야 할 때라 여겼다. 그러나 아들은 크게 실망했고, 그날 교회를 가지 않겠다며 오랫동안 울었다. 그 후 아들에게는 크나큰 의문이 생겼다. 엄마 아빠가 산타에 대해 오랫동안 거짓말을 해 왔다면, 심지어 유료 서비스로 '산타의 영상 편지'까지 받게 할 정도로 믿게 했다면, 하나님도 존재하지 않을 수 있지 않을까? 그 생각은 결국 아들의 현재 신앙적 결론으로 이어졌다. 불가지론적 무신론(Agnostic Atheism)이 바로 그것이었다.

데이비드와 나의 생각이 너무도 달라서 본격적인 갈등으로 진행된 것은 진로를 선택할 때였다. 아들은 어릴 때부터 그림 그리기를 무척 좋아했다. 외식을 하거나 다른 집에 가도 종이와 연필, 펜이나 크레용만 있으면 몇 시간이고 그림을 그렸다. 학교 선생님들이 가장 자주 한 지적도 수업 중에 그림 그리느라 선생님의 말을 듣지 않는다는 것이었다. 게다가 그저 그림을 한두 개 그리는 게 아니라, 이어지는 그림으로 스토리를 만들기까지 했다. 그래서 만화가가 될 수도 있겠다는 생각을 한 적도 있었다. 하지만 일고여덟 살짜리가 취미로 만화를 그리는 것과 열여덟 살 대학 지망생이 영화 감독이 되겠다며 예술대학을 고집하는 것은 전혀 다른 문제였다.

 반면, 나와 아내가 아들이 아홉 살 되던 해에 한국 보육원에서 데려온 딸 예진이는 매우 현실적인 아이였다. 열세 살이 되기 석 달 전에 우리 가족이 된 예진이는 공부는 가장 짧게 하면서 돈을 가장 많이 벌 수 있는 직업이 뭔지 내게 물었다. 대입 준비를 하면서 그 질문을 했을 때, 나는 좋은 대학에서 학사 과정을 마치고 월가로 가라고 조언했다. 그러나 예진이는 단호하게 아빠가 하는 일을 할 생각은 전혀 없다고 말했다. 매일 책상 앞에 앉아, 뉴스와 리포트를 읽고, 스프레드시트에 빠져 지내며, 문답과 보고서에 묻혀 사는 일. 팬데믹 동안 재택근무하는 내 모습을 본 아이들은, 그런 지루한 일을 자신들은 못 하겠다며 월가는 갈 곳이 못 된다고 말하곤 했다. 결국 예진이는 엄마의 조언에 따라 간호대 명문 케이스웨스턴리저브대학에 입학했고, 클리블랜드 클리닉에서 실습을 이어 갔다. 아이 말대로 공부 시간 대비 수입이 높은 직종을 향해 달려가고 있는 것이다.

 그러나 2023년 가을 대학생이 된 아들 데이비드는 여전히 구름 속에 둥둥 떠 있는 듯한 야망으로 가득 차 있다. 예술 전공만 있는 예술대학에는 내 반대로 원서를 내지도 않았다. 그리고 가슴을 울리고 세상을 바꿀 만한 영화감독이 되기 위해 도움이 될 철학과를 원서 전공란에 적으라는 나의 제안도 받아들였다. 이 두 가지가 내가 아이를 설득할 수 있는 전부였다. 대학 순위도 더 높고 다양한 전공이 많은 대학에도 합격했지만, 뉴욕주 사라토가 스프링스에 있는 스키드모어대학을 선택하겠다는 아들의 고집을 나는 끝내 꺾지 못했다. 그곳 학생들과 캠퍼스가 다른 학교들보다 훨씬 '예술적(artsy)'이었기 때문이었다. 집에서 차로 약 두 시간 반 거리에 있는, 온천이 유명하고 매년 여름이면 경마 이벤트로 축제 분위기가 되는 북뉴욕 타운으로 아들은 떠났다.

크게 성공한 이들을 제외하면, 영화는 배고픈 직업이다. 그러나 아들은 자신의 예술을 위해 기꺼이 배고플 준비가 되어 있단다. 할리우드 근처 1990년대 스타일의 식당에서 몇 년 동안이라도 웨이터로 일할 준비가 되어 있다는 것이다. 사랑하는 사람을 만나 결혼하고 아빠가 되는 것보다 좋은 비주얼 스토리텔러가 되는 것이 자신에겐 훨씬 더 중요하다고 했다. 다른 집 아이가 그런 말을 했다면 멋있다며 격려했을지도 모른다. 하지만 누나의 현실 감각이 조금만 아들에게 있다면 얼마나 좋을까 하는 아쉬움이 남았다.

며칠 전 아들이 전화를 걸어왔다. 2학년 1학기에 들을 과목에 대해 아빠의 조언이 필요하다고 했다. 예술 과목 둘, 연극 과목 하나, 문학 과목 하나. 다 정해 놓고 왜 전화를 했는지 물었다. 주로 문자로만 연락하는 아들이 전화한 목적은 과목 상담이 아니라, 사실상 전공 선택을 통보하기 위해서였다. 아트와 영어 이중 전공에 미디어·영화 부전공을 생각하고 있다고 했다. 아들을 감싸고 있는 꿈의 구름이 더 커지는 것 같다는 생각을 하며 내가 말했다. 훗날 오스카 무대에 선 아들이 이런 말을 할 수 있었으면 좋겠다고.

"현실적인 조언을 많이 해 준 아버지의 말을 내가 늘 무시한 덕분에, 오늘 이 자리까지 올 수 있었습니다."

그 순간 문득 떠오른 기억이 있었다. 피아노를 그만둘 때도, 박사 학위를 포기할 때도, 나는 멀리 계신 부모님의 말씀을 따르지 않았다. 조언을 구하는 척하며 실은 통보를 했을 뿐이었다. 월가에 정착하고, 결혼해 아들을 낳은 뒤에야 아버지께서 말씀하셨다. 내 선택들이 옳았다고. 나도 언젠가 아들에게, 아니 스스로 선택한 길을 씩씩하게 걸어간 한 인격체에게 그 말을 전해 줄 수 있기를 기도한다. 오스카상 여부와 상관없이 말이다.

2024.04.30.

난 아내의 말을 듣지 않기로 했다

아내 말 들어서 손해 볼 것 없다. 오히려 아내 말만 잘 들으면 득이 된다는 말도 있다. 정말 그럴까?

팬데믹은 나와 아내의 결혼 24주년 기념일인 2020년 3월 9일부터 시작됐다. 재택근무를 하면서 '줌' 같은 영상회의 프로그램과 친해졌고, 대중교통과는 연을 끊었다. 마지막으로 퇴근했던 2020년 3월 6일 이후 지금까지 나는 기차나 지하철을 단 한 번도 타지 않았다. 지금도 여전히 재택근무 중이기 때문이다. 회사 일로 맨해튼에 나갈 때면 아내가 운전을 하거나, 가끔은 우버 택시를 이용했다.

하지만 곧 다시 사무실로 출근할 날이 다가오고 있다. 늦여름이나 초가을쯤부터 일주일에 2~3일 정도는 맨해튼 사무실에 나가야 한다. 거의 17년 동안 그래 왔듯, 뉴저지에서 통근 기차를 타고 뉴욕 펜스테이션까지 간 뒤 지하철을 이용해 월가로 내려가야 한다. 그럼에도 나는 회사에서 동료들과 얼굴을 맞대고 함께 일하는 날을 오래 기다려 왔다. 투자 아이디어를 채팅방과 전화로만 토론하는 건 이제 지긋지긋하다. 하루에 세 시간 넘는 출퇴근 시간을 아끼는 건 좋았지만, 투자 팀원들은 언제든 아이디어를 주고받고, 때로는 언성을 높이며 서로의 생각에 도전할 수 있어야 한다. 함께 식사하며 삶을 나누는 과정에서 팀워크가 자라는데, 그 일을 28개월 동안 하지 못하고 있다.

그러나 아내는 나와 생각이 다르다. 아내는 며칠 전부터 완전 재택근무를 하라고 나를 설득 중이다. 하루 세끼를 집에서 먹는 '삼식이'가 되어도 좋으니, 대중교통 타고 위험한 출근을 하지 말라는 것이다. 아내의 말에도 일리는 있다. 아시아인을 향한 폭력적 언행이 잦아졌고, 특히 뉴욕 지하철에서는 증오 범죄로 희생된 아시안이 늘고 있기 때문이다. 처음엔 그렇게 걱정할 일은 아니라며 아내를 안심시키려 했다. 그런데 가면 갈수록 상황이 심각해졌다. 게다가 지난주

일요일은 아시아계 미국인에게 큰 의미가 있는 역사적 사건의 40주년이었다.

1982년 6월 19일, 중국계 미국인 빈센트 친 씨가 일본인으로 오해를 받고 두 명의 백인에게 폭행을 당했다. 결혼식을 앞둔 친 씨는 사건 나흘 뒤 27년의 짧은 생을 마감했다. 당시 미국, 특히 자동차 산업의 중심지였던 디트로이트가 있는 미시간주에는 반일 감정이 거셌다. 일본 자동차 산업의 급성장으로 경쟁력을 잃은 미국 자동차 회사들이 대규모 해고를 단행했고, 정치 지도자들은 이에 따른 경제적 불황의 책임을 일본에 돌렸다. 사람들의 감정을 일본인들을 향한 분노로 몰아간 것이다. 더 어처구니없는 것은, 야구방망이로 친 씨를 때려죽인 두 명이 고작 3년 집행유예와 3,780달러(약 487만 원)의 벌금을 받았다는 사실이다. 그래서 "중국계 미국인을 죽일 자격이 3,000달러"라는 말까지 생겼다.

2020년대 들어 급격히 커진 아시안 혐오는 40년 전과 크게 다르지 않다. 지금도 그때처럼, 많은 이들에게 타격을 준 사건의 책임을 아시아에 떠넘긴 지도자가 있지 않은가? 미국 대통령 도널드 트럼프는 100만 명이 넘는 미국인의 목숨을 앗아간 코로나를 중국 탓으로 돌렸다. '차이나 바이러스'

라는 표현은 뉴스 미디어와 소셜미디어를 통해 퍼져 나갔고, 그 결과 최근에 일어나는 모든 어려움이 중국인 탓이라고 믿는 미국인들이 많아졌다. 그중에는 40년 전 야구 방망이를 휘둘렀던 살인자들처럼 증오 범행을 주저하지 않는 이들도 하나둘 생기고 있다.

무엇이 아내를 두렵게 하는지 충분히 안다. 다치지 않더라도 온갖 욕설과 성적 위협을 당했다는 사람들의 이야기를 직접 들었기 때문이다. 호신용 페퍼 스프레이를 갖고 다니는 친구들이 늘었고, 여섯 살 딸에게 자신을 방어할 수 있는 '비겁한 싸움(Dirty Fighting)'을 가르친다는 친구도 있다.

그렇다고 아내의 말을 들어야 하나? 회사는 매주 5일 재택근무를 원하는 직원들의 요청을 받아 주겠다고 했다. 그리고 아시아 혐오 때문에 내 안전을 걱정하는 동료들도 있다. 하지만 그 이유만으로 무기한 재택근무를 해야 한다니 왠지 마음이 불편하다. 마치 혐오자에게 굴복하는 것 같아서다. 또 나처럼 자신의 안전을 지킬 방법이 없어 어쩔 수 없이 위험을 감당하는 이들에게 미안한 마음도 든다. 무엇보다 고객들과 동료들에게 최선을 다해야 하는 책임을 저버리는 것 같아 완전 재택근무 요청이 망설여진다.

그래서 나는 아내의 말을 듣지 않기로 했다. 물론 아내가 더 이상 같이 못 살겠다는 최후통첩을 내놓는다면 다시 고민해야 하겠지만……, 외부의 위협 때문에 움츠린 삶을 살고 싶진 않다. 그런 삶이 안전할 수는 있겠지만, 친절한 말 한마디나 도움의 손길 같이 세상을 아름답게 만드는 것들을 경험하지 못하게 가로막는 장벽이 될 수도 있을 것이다.

2022.06.25.

인격 높은 CEO의
기업에만 투자할래요

우리 투자팀은 주중 매일 오전 8시 45분에 브리핑을 진행한다. 팬데믹 이전에는 트레이딩 데스크를 중심으로 둘러서서 애널리스트들이 각자의 책임 분야나 기업에 대해 업데이트했지만, 지금은 같은 브리핑을 2년 넘게 줌으로 이어 오고 있다. 지난주 브리핑에서 내가 여러 번 언급했던 문장이 바로 "스테디 애즈 쉬 고우즈.(Steady as she goes.)"와 "스테디 애즈 데이 고우.(Steady as they go.)"였다.

"Steady as she goes."
가기도 잘도 간다, 흔들림 없이.

러시아가 우크라이나를 침공한 지 한 달이 되던 지난주. 연준 의장 파월이 역사적인 인플레이션 억제를 위해 금리를 0.25%가 아닌 0.50%씩 인상할 수도 있다는 발언을 하면서 증시의 안정세가 흔들렸다. 경기침체 가능성을 시사하는 신호로 미 국채 수익률 곡선 평탄화(Yield Curve Flattening) 현상이 채권 투자자들의 스크린에 더욱 뚜렷하게 나타나기도 했다. 그럼에도 증시는 다시 안정을 되찾는 듯한 모습을 보였다. 주요 주가지수들은 지난 일주일간, 그리고 러시아 침공 직전과 비교해 다음과 같이 올랐다.

S&P 500: +1.8%, +7.5%
나스닥: +2.0%, +8.7%

그래서 나는 비교적 잔잔한 바다를 항해하는 배를 묘사할 때 쓰는 표현 "스테디 애즈 쉬 고우즈."를 반복해서 말했던 것이다. 내가 맡은 분야와 기업들이 고물가 환경과 지정학적 위험에도 불구하고 별다른 문제 없이 사업을 이어 갈 수 있다는 견해가 주가와 회사채 수익률에 반영되기 시작했기 때문이다. 즉 내가 판단하는 위험 수준에 비해 주가는 너무 높고 채권 수익률은 지나치게 낮다는 의견을 동료들과 나눈 것이다.

이처럼 안정적 환경을 강조하듯 지난주에 흥미로운 ETF(주식처럼 거래할 수 있고, 특정 주가지수의 움직임에 따라 수익률이 결정되는 펀드) 하나가 시장에 등장했다. 바로 인격 높은 리더가 있는 기업에만 투자하는 '고인격자 CEO ETF'다. 이름하여 인격 이윤 상장 펀드.(Return on Character ETF) 즉 정직, 책임감, 용서, 동정심과 같은 인격적 특성을 보여 주는 리더를 선별해 그들이 이끄는 기업에 투자함으로써 주주들의 자본 가치를 높이겠다는 전략이다.

흥미롭게도 애플의 팀 쿡, 아마존의 앤디 제시, 마이크로소프트의 사티아 나델라는 포함되었으나, 테슬라의 일론 머스크와 메타(구 페이스북)의 마크 저커버그는 인격 점수가 충분치 않아 제외되었다고 한다.

이 펀드의 매니저인 댄 쿠퍼는 CEO의 인기나 기업의 시가총액을 기준으로 선정하지 않는다고 밝혔다. 그들의 선택이 고정된 것이 아니며, 포춘(Fortune) 500 기업 전체가 펀드에 포함된다면 더없이 좋을 것이라고도 언급했다. 머스크와 저커버그가 빠진 이유에 대해선 말을 아꼈으나, TOP 1000 기업 CEO들의 행실과 그들이 일으키거나 연루된 논란이 인격 점수에 반영된다고 설명했다. 그리고 가장 높은 점수를 받은 리더 75~100명이 경영하는 기업에 투자한다고 덧붙였다.

이 펀드의 앞날은 누구도 예측할 수 없다. 그러나 장기적으로 성과가 검증된다면 CEO의 인격이 주가에 어떤 영향을 미치는지에 대한 답을 얻을 수 있을지도 모른다. 또한 이 펀드와 비슷한 전략의 펀드들이 늘어난다면, CEO들의 행동 양식에도 변화를 일으킬 수 있을 것이다. 과연 선(善)이 더 큰 이윤을 가져올까?

사실 이미 투자자들은 단순히 돈을 많이 버는 것 못지않게 기업의 책임감에 주목하고 있다. 이제는 주주의 이익뿐만 아니라 세상에 선한 영향을 미치는 책임 있는 기업 시민으로서의 역할을 기대하며, 투자 선택을 통해 이를 실현하려는 전략이 힘을 얻고 있다. ESG(환경·사회·지배구조) 펀드는 환경과 사회에 해로운 사업 방식을 줄이고, 지배구조를 더 안전하고 공정하게 만들려는 기업에 투자한다. 최근 이러한 ESG 목적 펀드는 급격히 증가하고 있다.

나는 고인격자 CEO 펀드 역시 투자자들의 선택을 통해 리더들에게 올바른 판단과 인간적인 행실을 강력히 요구할 수 있으리라 기대한다. 특히 비슷한 전략의 펀드가 더 많아진다면 그 효과는 더욱 클 것이다. 개개인의 부만을 추구하기보다는 더 나은 세상을 만들어 가는 데 관심을 기울이는 자본주의 사회. 투자자들의 힘으로 그런 사회가 다음 세대에는 현실이 될 수 있을까? 렛츠 홉 소우.(Let's hope so.) 그러기를 바란다.

2022.04.03.

비리의 유혹에서
자신을 지키는 법

자녀들이 자신의 뒤를 따라 같은 진로를 선택하기를 바라는 사람들을 만난 적이 있다. 하지만 나는 그런 희망을 품고 있지는 않다. 잘 작동하는 금융 시장은 세계 경제에 꼭 필요하고, 내가 하는 일이 시장에 조금은 보탬이 될 수도 있겠지만, 증권 분석이 개인의 삶에서 그다지 의미 있는 일이라고 생각하지 않기 때문이다. 환자를 살리는 의사나 간호사, 학생들에게 지식을 가르치고 그들의 지적 성장을 돕는 교사나 교수, 누명을 쓰고 억울한 피해자가 되는 이들을 법적으로 구해 내는 변호사 등 세상에는 더없이 의미 있는 직업들이 많다. 나는 우리 딸과 아들이 이런 사명감을 품고 진로를 선택하길 바란다.

딸 예진이는 2019년 가을부터 겨울까지 입학 원서를 작성했다. 지원할 대학 리스트를 만드는 것부터 자기소개서를 쓰는 일까지 아빠에게 조언을 구했다. 그때 아이가 농담 반 진담 반으로 이런 말을 했다. "되도록 짧게 공부하고, 최고로 많은 돈을 벌고 싶다." 그럴 때마다 나는 똑같은 대답을 해 주곤 했다. "월가로 가라." 그런데 1년 넘게 재택근무를 하는 시각장애인 증권 애널리스트 아빠의 일상을 본 뒤, 예진이도 아들 데이비드도 같은 결론을 내렸다. "월가는 절대 아니다."

내가 첫 직장 JP모건에 입사한 것이 1994년 여름이었으니, 증권 분석 일을 한 지도 거의 27년이 된다. 대학에서 금융을 전공하지 않았기에 회사 교육과 실무를 통해 기업 운영을 배웠고, 분석 기법에 익숙해졌다. 그런데 직무 지식보다 더 선명히 남아 있는 가르침이 있다. 아직도 잊히지 않는 27년 전 교육 시간, 강사는 월가 직원들이 저지를 수 있는 부도덕한 범죄 행위를 설명했다. 고객을 속이는 일부터 불법 내부자 거래, 자금 세탁까지. 그러면서 그런 일을 저지르는 것은 물론, 의혹을 살 만한 행위조차 절대 용납되지 않는다고 몇 번이고 강조했다. 그런데도 나와 비슷한 시기에 입사한 한 직원이 팀만 알고 있는 은행 합병 정보를 이용해 불법 주식 옵션 거래를 하고 말았다. 그는 회사에서 FBI에 체포되어 회사에서 즉시 해고됐고, 그렇게 짧은 월가 커리어를 마감했다.

1994년엔 몰랐지만, 월가 회사들은 매년 최소 한 번 이상 윤리 교육을 한다. 해서는 안 될 일을 구체적으로 가르치고, 무심코 개입되었을 때 자신과 회사를 보호하는 방법도 알려 준다. 나는 이런 교육을 27번 받았으니, 자금 세탁 과정이나 불법 내부자 거래에 대해서는 박사 학위 수준의 지식을 갖췄다고 할 수 있다. 아무런 준비 없이 누구에게나 술술 가르칠 정도다. 그런데도 회사는 해마다 같은 교육을 반복한다. 몇 년 전부터는 온라인 강의, 비디오 시청, 이해 여부를 확인하는 시험까지 치르기 시작했다.

문제는 교육이 온라인으로 바뀌면서 생겼다. 나는 '스크린 리더'라는 애플리케이션으로 컴퓨터나 스마트 기기를 사용한다. 스크린 리더는 화면의 내용을 음성으로 읽어 주고 동시에 점자 디스플레이에 같은 정보를 출력해 준다. 그래서 나는 컴퓨터 화면을 귀로 듣고 손가락으로 읽는다. 그런데 지루할 수 있는 교육을 흥미롭게 만들겠다며 그 내용이 점점 그림, 그래프, 차트, 비디오 등으로 바뀌었다. 스크린

리더에 의존하는 내가 혼자서 교육을 소화하기 힘들 정도가 된 것이다. 얼마 전까지는 동료와 함께 온라인 교육을 받았지만, 2020년 3월부터 재택근무가 시작되면서 동료의 도움도 받을 수 없는 처지가 되었다.

그럼에도 회사는 매년 두 차례 전 직원 교육을 이어 갔다. 방법이 없었다. 다른 사람에게 찾아가 같이 들을 수도 없었고, 내 사정을 이유로 교육 면제를 요청할 수도 없었으니 말이다. 결국 아이들에게 부탁했다. 2020년 첫 번째 교육은 딸 예진이의 도움으로, 두 번째 교육은 아들 데이비드가 도와주어 마감일 전에 끝낼 수 있었다. 약 세 시간씩 이어지는 너덧 가지의 교육 프로그램을 같이 들은 아이들은 한데 입을 모았다. 월가의 일은 너무 지루하다고, 절대 진로를 이쪽으로 선택하지 않겠다고. 그도 그럴 것이, 강사는 딱딱한 어조로 "하면 안 된다."는 말만 반복했다. 의심스럽거나 판단이 애매한 경우에 "보고해야 한다."가 정답인 시험까지 아이들을 지루하게 했을 것이다. 내가 이런 교육을 해마다 받아 왔다는 이야기를 듣고 아이들은 말했다. "오, 불쌍한 우리 아빠!(Oh, poor Abba!)"

그러나 내가 아이들에게 말하지 않은 것이 있다. 월가에서는 매일 엄청난 액수의 돈이 오간다. 증권 거래나 기업의 합병을 돕는 과정에서 비공개 정보를 접하는 경우도 많다. 결국 월가 직원들은 매일 유혹이 도사리는 환경 속에서 일한다. 그들에게 윤리 교육은 부모의 잔소리 같은 것이다. 유혹에 넘어가는 직원을 최소화하려면, 이런 교육을 반복할 수밖에 없다. 문제 될 만한 일은 생각조차 하지 않도록 하는 환경을 만드는 것이다.

워런 버핏은 이렇게 말했다. "내가 하려는 일이 우리 동네 신문에 실린다고 생각하면서 일을 하라." 올해도 아이들은 나 때문에 서너 시간을 지루하게 보내야 할 것이다. 비록 나중에 투자와 무관한 일을 하게 되더라도, 이 교육을 통해 부정한 유혹에서 자신을 지킬 힘을 조금이나마 얻었으면 하는 소망을 품어 본다.

2021.03.27.

부모가 아이를 위해 할 일,
"렛 잇 고"

"여보, 「겨울왕국」에 나오는 노래 가사, 'Let It Go'를 한국말로는 어떻게 번역했지?"라고 묻자, 아내가 답했다. "그건 그냥 '렛잇고'라고 했을 거야." 인터넷에서 찾아보니 아내 말이 맞았다. 이 말을 한국말로 풀어서 글을 쓰려 했는데, 참, 도움이 되지 않는다.

지난 11월 한국에서는 수능이 치러졌다. 우리 집에도 수험생이 한 명 살고 있다. 만 열일곱 살 아들 데이비드다. 대학교 두 군데의 입학 원서 마감까지 2주도 남지 않은 오늘, 아들은 근처 친구네 집에서 가장 친한 친구 셋과 놀면서 하룻밤 주무시고 내일 아침에 오신단다. 지난주 금요일 오후에도 친구들과 영화를 봤고, 그다음 날도 하루 종일 놀았는데, 이번엔 슬립오버(Sleep Over, 외박)까지 하신다니. 한국 수험생이라면 상상도 못 할 여유가 아닌가 싶다. 앞으로 12일 동안 대학에서 요구하는 에세이 6개를 완성해야 하고, 짧은 질문에 대한 답변도 적어도 10개는 써야 하는데…… 그것도 학교 공부를 병행하면서 말이다. 아, 답답하다.

이성적으로 생각하면 큰 걱정거리는 아니다. 아들은 분명 제시간에 입학 원서를 제출할 것이다. 내가 원하는 것처럼 마감 일주일 전까지 끝내지는 못하겠지만, 적어도 마감 몇 시간 전까지는 다 해낼 것이라 믿는다. 그런데도 왜 이렇게 마음이 착잡할까?

3년 전부터 나는 대입을 앞둔 학생들을 도와 왔다. 지원할 대학 리스트를 정리하고, 학교들이 요구하는 에세이를 쓰는 과정을 도와주고, 작성한 원서를 최종 제출 직전에 다시 점검하는 일들이다. 처음은 딸 예진이와 함께했다. 2년 전부터는 지인의 자녀들이 쓴 에세이를 봐 주기도 했는데, 드디어 올해는 내 아들 차례가 된 것이다. 그런데 데이비드는 다른 아이들과 너무 달라 내겐 버거웠다.

미국 대학은 지원자를 평가할 때 다음과 같은 것들을 본다. 고등학교 성적, 선생님들의 추천서, 학업 외 활동, SAT나

ACT와 같은 대입 고사 성적, 그리고 인격이나 창의력 같은 개인적인 특성 등. 특히 합격률이 낮고 경쟁률이 높은 학교들은 지적 호기심과 창의성 등을 중요하게 여긴다. 즉 단순히 고등학교 다음 단계로 대학에 진학하는 학생보다, 특별히 배우거나 연구하고 싶은 것이 분명한 학생을 선호한다.

그런데 이런 지적 흥미나 실력을 잘 보여 주려면 대학이 요구하는 에세이를 효과적으로 써야 한다. 기억에 남는 글이라면 더욱 좋다. 게다가 대입 고사 결과를 제출하지 않아도 되거나 아예 검토하지 않는 학교들이 늘면서 에세이의 중요성은 더 커졌다. 최근 에세이 주제도 '본인이 살면서 겪은 가장 인상 깊었던 경험이나 자신에게 중요한 사람'과 같은 일반적인 주제에서 '100만 명 앞에서 10분 동안 연설할 기회가 있다면 무슨 말을 하겠는가?'처럼 구체적 상황 속 창의력을 요구하는 주제로 바뀌었다. 결국 12학년이 되는 해 몇 달간 해야 하는 대입 준비에서 가장 어렵고 중요한 과제는 에세이 쓰기다.

예진이를 포함해 내가 도와준 다른 아이들은 나의 에세이 편집 제안을 잘 받아들였다. 그런데 데이비드는 단어 하나, 표현 방식, 주제 선택까지도 언쟁을 건너뛰는 법이 없었다.

"아빠, 그건 쉰 살 넘은 사람이 하는 말 같아."

"나는 그렇게 표현하기 싫어."

"무슨 말이야? 아빠는 나를, 우리 세대를 이해하지 못하는 것 같아."

결국, 아들의 에세이를 도와주는 시간은 뜨거운 논쟁의 시간이 된다. 그래서 혼자 다시 읽고 스스로 고치라고 하면 그건 또 싫단다. 어느 장단에 춤을 춰야 할지 원!

재택근무를 하는 날이면 나는 아침에 여전히 아들 방에 가서 알람과 함께 아이를 깨우곤 한다. 또 아들이 9학년 때부터 꾸준히 해 온 로보틱스 클럽의 코치가 그만뒀다는 말을 들었을 때, 나는 로봇을 만든 경험이 전혀 없는데도 클럽의 코치가 되어 주기도 했다. 다른 아빠들이 스포츠팀 코치를 하거나 학업 외 활동에 열심히 쫓아다니듯, 나도 대학 가기 전 마지막으로라도 아이를 직접 지원해 주고 싶었기 때문이다.

침대 옆 의자에 앉아 아들이 깨기를 기다리며 생각했다. 이 일도 며칠 남지 않았다고. 미국에서는 고등학교 졸업 후 대학으로 떠난 자녀가 부모와 같이 살기 위해 다시 집으로 돌아오는 경우가 한국보다 적다. 올해 대학 3학년인 예진이는 집으로 꼭 돌아올 거라고 엄마에게 말하곤 한다. 듣기 좋은 말을 하는 건지도 모르겠지만, 나는 예진이가 정말 돌아올 수 있다고 본다. 그러나 데이비드는 다르다. 부모 때문에 하고 싶은 걸 못 한다고 믿고, 그것을 서슴없이 표현하는 아이이기에 졸업 후 집으로 돌아오지는 않을 것 같다. 부모 때문에 뭘 못 하고 있는지 모르겠지만.

내 마음을 솔직하게 들여다보면 내가 왜 이러는지 알 수 있다. 나에게 데이비드는 아직도 아이인 것이다. 분만실에서 처음 만져 봤던 아기. 내 품에 안겨 잠들던 아기. 키가 180센티미터에 가까운 지금도 여전히 내겐 그렇게 느껴진다. 그래서 몇 달 후 데이비드가 우리 곁을 떠난다는 것이 싫다. 이 글을 쓰면서도 눈물이 날 정도로.

나는 부모가 꼭 해야 할 일은 자녀가 부모 없이 홀로 살아낼 수 있는 능력을 갖추게 하는 것이라고 믿어 왔다. 그런 면에서 데이비드는 나이에 비해 준비가 잘된 아이 같다. 그렇다면 우리가 할 일을 잘해 온 셈인데, 그래서 더 섭섭하기도 하다. 이젠 아이를 놓아줄 때다. 타임 투 렛 힘 고!(Time to let him go!)

2022.12.03.

BTS보다 버크셔 주총이 좋은 이유

매년 5월 초에는 투자에 열정을 가진 사람들이 고대하는 최고의 이벤트가 열린다. 바로 '버크셔 해서웨이'의 주주총회다. 주주총회는 상장 기업이라면 반드시 열어야 하는 회의지만, 버크셔의 주주총회는 매우 특별하다. 만일 내게 BTS 콘서트와 버크셔 주주총회 중 어디에 가겠냐고 묻는다면, 나는 망설임 없이 버크셔 주주총회를 택할 것이다. 오랫동안 존경해 온 워런 버핏과 찰리 멍거의 지혜와 생각, 그리고 그들의 유머를 네다섯 시간 동안 즐길 기회이기 때문이다.

다른 기업의 주주들은 그들이 소유한 회사의 보고를 듣

고, 제안이나 토론을 하기 위해 주주총회에 참석한다. 그러나 버크셔 해서웨이의 주주들은 버핏 회장과 멍거 부회장에게 직접 질문할 기회를 얻고, 투자, 사업, 삶, 우정, 세상 돌아가는 방식 등에 대한 그들의 이야기를 듣기 위해 네브래스카주 오마하로 '순례 여행'을 떠난다.

나도 2000년에 아내 그레이스와 함께 오마하를 찾았다. 관광지도 아니고, 친척이나 친구가 있는 곳도 아닌데, 자기 돈 써 가며 2,000킬로미터 떨어진 중서부 도시로 여행을 가자는 나를 아내는 이해하지 못했을 것이다. 4월 마지막 토요일 아침 8시부터 시작된 주주총회는 확실히 다른 회사의 총회와는 달랐다. 회장 워런 버핏은 우쿨렐레를 직접 연주하며 노래하는 영상으로 주주들에게 환영 인사를 건넸다. 이후 한 시간가량 재미있는 영상이 이어졌고, 9시가 넘어 본격적으로 총회가 시작되었다. 유일한 안건인 이사회 회원 선출은 5분도 채 걸리지 않았는데, 이후 시간은 주주들의 질문과 버핏과 멍거의 답변으로 채워졌다. 행사는 오후 3시가 넘어서야 끝났다. 다음 날 나는 아내와 함께 버핏의 단골 식당인 고라츠(Gorat's) 스테이크하우스에서 저녁을 먹었다. 비록 버핏 회장과 같은 테이블에서 식사한 것은 아니지만, 식사 후 그를 만나 악수할 기회가 있었다. 그가 사인해 준 그날의 메뉴판을 나는 아직까지도 간직하고 있다.

내가 여전히 워런 버핏을 존경하는 이유는 그가 역사에 길이 남을 슈퍼스타 투자자이기 때문만은 아니다. 지난 5월 2일 토요일, 나는 버핏과 멍거, 그리고 버크셔 해서웨이의 사업을 책임지는 두 부회장이 함께 진행하는 주주총회를 온라인으로 들었다. 네 시간 넘는 문답을 들으며 웃고 손뼉 치고 감탄하는 나를 아내는 여전히 이해하지 못한다. 나는 그들의, 특히 버핏의 유머러스한 재치를 좋아하고 부드러운 겸손과 장기적인 관점을 존경한다. 무엇보다 생각이 다른 이들에 대해 공격적이지 않은 태도는 큰 성공을 이룬 사람들에게서는 보기 힘든 귀한 특성이다.

만 90세 버핏 회장과 만 97세 멍거 부회장의 목소리에서는 다소 쇠약함이 느껴지기도 했지만, 여전히 메시지에는 힘이 있었고 매우 예외적인 이 시대를 살아가는 투자자들에게 꼭 필요한 지혜가 담겨 있었다. 예컨대 그들은 옵션을 사용하거나 매일 몇 번씩 주식을 사고파는 행위를 투기가 아니라 도박을 의미하는 '갬블링(Gambling)'이라고 직설적으로 표현했다. 도박이 불법이거나 부도덕한 것은 아니지만, 고객 혹은 기업에서 수수료를 받기 위해 이런 무모한 행위를 하는 것은 마땅히 부끄러워해야 할 일이라고 말했다.

총회에서는 비트코인과 같은 가상화폐에 대한 질문도 예상대로 나왔다. 2조 달러 규모까지 성장한 가상화폐 시장에 대해 누군가는 물어볼 것이 뻔한 상황이었다. 버핏은 이렇게 받아쳤다. "정치인들이 어려운 질문을 피하듯, 나도 이 질문만은 피하겠다."고. 그런데 그 이유를 설명하는 과정에서 결국 그의 생각이 드러났다. 자신의 답을 듣는 사람 중에는 수십만 명의 가상화폐 소유자들이 있겠지만, 비트코인을 공매도한 사람은 두 명밖에 되지 않을 것 같아 답을 하지 않겠다는 것이었다. 두 명을 행복하게 해 주기 위해 몇십만 명을 화나게 할 수 없다는 계산적인 답이었다. 이는 곧 비트코인을 부정적으로 보고 있다는 간접적인 표현이나 다름없었다. 반면 찰리 멍거는 훨씬 직설적이었다. 그는 가상화폐를 "유괴범이나 협박범과 같은 범죄자들에게 유용한, 인류에 도움이 되지 않는 역겨운 것"이라고 단언했다.

일론 머스크를 언급한 질문에서도 버핏의 인격은 드러났다. 지난 2월 텍사스 정전 사태와 같은 재난을 막기 위해 버크셔 에너지가 제안한 프로젝트를 일론 머스크가 비판했다. 전기 배터리를 이용한 해결책이 더 우수하다고 주장한 것이었다. 이에 대해 버핏은 "버크셔는 버크셔가 할 수 있는 것을 제안했을 뿐."이라고 답했다. 텍사스 시민이 7일 동안 사용할 수 있는 전기를 보장하는 90억 달러 규모의 프로젝트인데, 만약 비상 전기를 공급하지 못하면 40억 달러를 벌금으로 내겠다는 것이었다. 버핏은 다른 이를 비난하지 않고 자신들이 할 수 있는 것만을 설명하는 품위를 보여 주었다.

또 "머스크의 스페이스X가 화성으로 로켓을 쏘아 올릴 때, 그 우주선과 탑승객의 안전을 보장하는 보험을 발행하겠느냐?"는 질문에는 이렇게 답했다. 그것은 보험료가 얼마인지, 그리고 머스크 본인이 직접 탑승하느냐에 따라 달렸다고. 역시 버핏다운 재치 있는 답이었다.

남을 비판하고 무시하는 것이 표준이 되어 가는 시대, 우리는 캔슬 컬처(Cancel Culture, 유명인이 논란이 될 만한 발언을 하면 그의 지위를 박탈하려는 소셜미디어 운동)를 경험하고 있다. 경쟁자나 의견이 다른 사람을 깎아내리며 자신의 우월함을 주장하는 이들이 인기를 얻는 세상이다. 이런 흐름에 휘말리지 않는 워런 버핏처럼, 나도 참된 겸손을 보여 주기 위해 노력할 것이다.

2021.05.08.

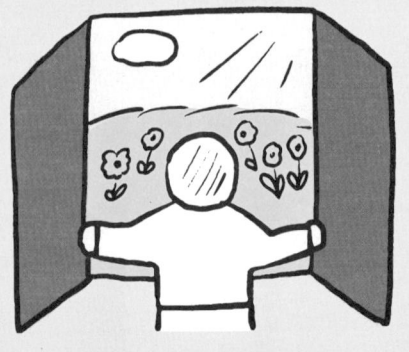

2장

할 수 있다 생각하고
방법을 찾아봅시다

우리 사회에도 '우영우' 같은 자폐인 변호사가 나올 수 있을까?

나는 드라마를 좋아한다. 증권 분석 애널리스트답지 않게 투자나 경제 같은 주제의 논픽션보다는, 세상 사는 이야기가 담긴 픽션을 훨씬 더 즐긴다. 영화나 TV 드라마보다는 오디오북 소설이나 라디오 드라마를 선호하는 편인데, 그건 내가 직접 화면을 직접 볼 수 없기 때문이기도 하지만, 어쩐지 영화나 TV 드라마는 늘 누군가와 함께 보는 것이 익숙했기 때문이기도 하다. 대학 시절엔 친구들과, 그 이후엔 아내와 함께 TV를 자주 보곤 했다.

그러나 요즘은 넷플릭스 같은 OTT가 스마트폰이나 태블릿을 통해 개인에게 비디오 콘텐츠를 제공한다. 그래서 예전처럼 저녁 식사 후나 주말에 TV 앞에 앉아 함께 드라마를 보기보다는 각자가 좋아하는 드라마를 편한 시간에 혼자 즐기는 일이 보편화되고 있다. 나 역시 최근에 그렇게 보게 된 드라마가 있다. 「이상한 변호사 우영우」 시각장애인을 위한 화면 해설 버전이다. 한국 최초의 자폐인 변호사를 그린, 아직 현실에는 존재하지 않는 이야기다. 이 드라마는 28년 동안 내 커리어를 가능케 해 준 동료들을 떠올리게도 했지만, 동시에 다른 많은 생각을 하게 해 주었다.

월가에서 증권을 분석하는 애널리스트가 되고 싶다는 얘기를 꽤 많은 사람에게 했던 것 같다. 학교 교수들, 주위 친구들이나 어른들, 그리고 대학원 연구와 관련해 만났던 월가 사람들까지. 오래된 지인들은 이를 또 하나의 허무맹랑한 소리로 여겼다. 노벨상 수상을 꿈꾸던 물리학자, 정신과 의사, 명문대 교수, 그리고 이제는 애널리스트라고? 별을 잡기 위해 허공에 손을 뻗는 꿈 같은 이야기가 끊이질 않았으니, 그런 반응도 이해할 만했다.

그런데 우영우에게 빠져들면서 그 당시 한 월가 회사 직원이 내게 했던 말이 떠올랐다. "아무리 시각장애가 있어도, 신순규란 사람에게 놀랄 만한 능력이 있다면 월가 회사들이 모셔 가기 위해 치열하게 경쟁하지 않겠느냐."라는 말이었다. 즉 앞을 보지 못하든, 듣지도 말하지도 못하든, 매번 대박을 내는 증권을 선택할 수 있다면, 다시 말해 워런 버핏을 따라잡거나 능가할 만한 투자 천재라면 장애가 전혀 문제가 되지 않는다는 이야기였다.

서울대 경제학과를 졸업하고 서울대 법학전문대학원을 수석으로 졸업했으며, 토익 만점과 변호사 시험 고득점을 기록한 우영우는 그럼에도 졸업 후 6개월이 지나서야 첫 출근을 한다. 이력서 첫 장에 적힌 대형 로펌들이 다퉈 모셔 갈 만한 스펙이, 두 번째 장에 적힌 '자폐 스펙트럼 장애'라는 몇 글자에 가려진 것이었다. 그녀를 고용한 로펌 대표 선영은 영우를 이용하려는 속셈이 있었지만, 동시에 그녀의 능력에 공정한 기회를 줘 보자는 건전한 동기도 없진 않았다. 또 영우의 커리어를 지도하게 된 명석 역시 자신이 느끼는 거부감이 장애에 대한 편견일 수 있음을 인정할 줄 하는 인격을 갖춘 사람이었다. 함께 일하는 동료들도 괴상하고 황당하며 때로는 화가 나게까지 하는 행동을 받아 주고 이해하려 애쓰는, 크든 작든 아량이 있는 사람들이다. 결국 영우의 커리어가 가능해진 배경에는 이런 사람들이 함께 있었던 것이다. 물론 내게도 그런 분들이 서너 명 있었다.

이 드라마를 보며 나는 두 가지 생각을 했다. 우선 이 스토리가 정말 재미있다는 것이다. 사람들의 마음과 감정을 움직이는 픽션에는 상상하기 쉽지 않은 '만약(What If)'이라는 가정이 붙는다. 딸이 눈먼 아버지의 광명을 위해 죽음을 택한다면, 거지와 왕자가 바뀐다면, 인터넷과 미디어 사회가 된 현대 대한민국에 아직 왕이 존재한다면 등등. 그리고 '만약 자폐 스펙트럼 장애인이 대한민국에서 변호사가 된다면?'이라는 질문이 이 드라마의 출발이었다. 장애인의 사회적 위치라는 무거운 주제를 이렇게 흥미롭게 풀어낸 작가와 제작진에게 찬사를 보낸다. 유머와 로맨스, 출생의 비밀과 권력 다툼, 약자의 통쾌한 승리, 자폐인의 진실함이 주위 사람들을 변화시키는 따뜻함까지, 「이상한 변호사 우영우」는 대중을 사로잡을 만한 요소를 모두 갖춘 스토리텔링 아트의 성공적인 결실이라 할 만하다.

하지만 한 가지 아쉬움도 있다. 자폐 스펙트럼 장애인에 대한 인식 개선에는 오히려 해가 될 수도 있겠다는 생각이다. 영우는 생수병 뚜껑도 열지 못하고, 회전문 앞에서 어쩔 줄 몰라 하며 멈춰 서지만, 어릴 때부터 읽은 것을 모두 기억한다. 심지어 법학 서적과 법원 판례까지. 여기에 엉뚱하면서도 예리한 관찰력이 더해져 기발한 해답을 찾아내는 데 천재다. 하지만 이런 설정이 오히려 또 다른 편견을 만들지 않을까 걱정된다. 장애인이 비범한 능력을 갖추지 않으면 기회를 얻기 어렵다는, 그런 불공평한 편견을 강화하는 것은 아닐까 싶은 것이다. 실제로 자폐 스펙트럼 장애인 중 영우처럼 놀라운 능력을 지닌 사람은 극히 드물다. 나 역시 투자 천재가 아니듯이 말이다.

물론 한 분야의 선구자가 되려면, 그러니까 한국 최초 자폐인 변호사가 되려면 남다른 무언가가 필요할 것이다. 그러나 이 드라마가 만든 '남다름'의 기준이 너무 높아진 건 아닌가 하는 우려가 남는다. 이 생각이 기우였음을 증명하듯, 머지않은 미래에 한국 최초의 자폐인 변호사가 첫 출근을 하는 장면을 그려 본다.

— 애널리스트 순규 신(Soon Kyu Shin), 똑바로 읽어도, 거꾸로 읽어도 SKS.

2022.09.03.

할 수 있다 생각하고
방법을 찾아봅시다

거의 50년 동안 햇빛을 보지 못하고 살아온 나에게도 '본다'는 것은 소중하다. 나는 기회가 있을 때마다 시각장애는 그저 불편할 뿐이라고 말해 왔다. 그러나 자연의 아름다움도, 사랑하는 이들의 환한 웃음도, 또 특별한 것에서 평범한 일상까지 그 무엇 하나 볼 수 없는 삶은, 내가 가장 싫어하는 사람에게조차 바라지 않는다. 하물며 우리 부부가 마치 첫 손주처럼 여기는 Y에게는 오죽할까?

우리 부부는 오랫동안 교회에서 젊은 부부들이 모인 소그룹을 섬겨 왔다. 한때는 어린아이를 키우는 부부들과 함께 신앙생활을 했고, 팬데믹 직전부터는 아직 아기가 없는 부부들을 돌보았다. 처음부터 우리는 그들에게 이렇게 말했다. 첫아기의 돌잔치까지는 함께하지만, 그 뒤로는 분가해서 다른 케어 그룹으로 가야 한다고. 그 그룹에서 처음 태어난 아기가 바로 Y였다. 오랫동안 기도하며 기다려 온 귀한 생명. 엄마 J가 임신하기 전부터 케어 그룹 식구들이 함께 기도했던 아기. 심지어 Y는 우리 딸 예진이와 생일도 같다. 아내는 J가 임신했을 때부터 친정 엄마처럼 아꼈다. 입덧이 심할 때는 먹을 수 있는 음식을 해다 주었고, Y가 태어난 직후에는 미역국도 끓여다 주었다. 정해 둔 규칙과 달리 Y가 두 살이 넘고 동생이 태어난 뒤에야, 아빠 W를 포함한 네 식구는 다른 케어 그룹으로 옮겼다.

8월의 첫날 금요일 저녁, 나는 밤 10시가 넘어서 W가 보낸 카톡을 보았다. '큰일이 생겼다, 통화하고 싶다.'는 메시지였다. 곧바로 전화를 거니 W는 Y의 세 번째 생일 직후 의료 검진에서 의사가 왼쪽 눈의 시력이 잡히지 않는다는 사실을 발견했다고 전해 주었다. 그래서 소아 안과 전문의를 찾아갔더니, 아기의 눈에서 종양이 발견됐다고 한다. 결국 암 전문의를 찾아가 보라는 말을 들었다는 것이다. '암'이란 단어를 듣는 순간, 가슴이 철렁 내려앉는다는 게 어떤 느낌인지 새삼스럽게 알 수 있었다. 시력 상실의 두려움보다는 아기의 생명이 위험할 수도 있다는 공포가 나를 덮쳐 왔던 것이다. 나는 무슨 일이 있어도 Y를 살리고, 가능하다면 실명까지 막아야 한다고 다짐했다. W에게 같이 기도하겠다고 약속하며 암 전문의를 신속히 만날 수 있도록 의사 친구들에게 알아보겠다고도 했다.

전화를 끊고, 이 늦은 시간에 누구에게 연락해야 할지 고민하다가 문득 열다섯 살 때부터 나를 키워 주신 미국 부모님이 떠올랐다. 10대 쌍둥이 딸들이 불치병 타카야수 혈관염(Takayasu's arteritis) 진단을 받았을 때, 맘과 대드가 어떻게 헌신했는지 기억이 났다.

내 미국 누나들의 이름은 메리와 마르다. 맘의 말에 따르면 대드가 어릴 적 좋아했던 여자아이들의 이름에서 온 것이고, 대드의 말에 따르면 성경에 나오는 나사로의 누이들 이름에서 따왔다고 했다. 둘 다였을 수도 있겠지만, 어쨌든 나는 누나들을 M&M(미국 마스사에서 만든 초콜릿 이름)이라고 불렀다. 그런데 그중 메리가 열여섯 살이 되던 해에 먼저 타카야수 혈관염 진단을 받은 것이다. 대동맥을 비롯한 혈관에 염증을 일으키는 이 희귀 자가면역질환은 주로 아시아 여성들에게서 발병하는 불치병으로 알려져 있었다. 그래서 당시 1970년대 미국에서는 증상을 완화하는 프레드니손

약물 외에는 별다른 치료법이 없었다. 그러나 이 약은 장기간 복용하면 부작용이 심해 정상적인 삶이 거의 불가능했고, 복용량을 줄이거나 치료를 받지 않으면 일상 유지조차 어렵고 심지어 치명적인 결과를 초래할 수도 있었다. 메리가 2년 정도 고통을 겪고 있을 무렵, 일란성 쌍둥이 동생 마르다도 같은 진단을 받았다. 대학 입학을 앞둔 마르다는 언니와 함께 투병 생활에 들어갔다.

내가 '할 수 있다 믿고 방법을 찾는' 태도를 갖게 된 것은 아마 오메셔 패밀리의 명예 멤버가 되었기 때문일 것이다. 쌍둥이의 수명이 1~2년밖에 남지 않았다는 말을 들은 맘과 대드는 현지 의사들의 소견을 거부하고 직접 방법을 찾아 나섰다. 수소문 끝에 그들은 멕시코의 바하 캘리포니아에 있는 거슨 클리닉을 찾아냈다. 맥스 거슨 박사가 개발한 대체 요법으로 암 환자들을 주로 치료하는 곳이었다. 이제 막 알려지기 시작한 곳이라 위험한 선택이었지만, 맘과 대드는 두 딸과 함께 멕시코로 향했다. 그곳에서 유기농 채식 위주의 식단, 신선한 주스 섭취, 통곡물과 콩류, 간 해독을 돕는 커피 관장 같은 자연 요법을 배웠다. 내가 기억하는 일 중 하나는 누나들이 매일 열세 잔의 과일 채소 주스를 마셨고, 대드는 매주 공항에 가서 유기농 과일과 채소를 받아 왔다는 것이다. 2년이 넘게 거슨 치료를 이어 가던 중, 그들은 한국에서 온 열다섯 살의 나를 받아 주었다. 그리고 M&M은 올해 2월, 함께 126번째의 생일을 맞았다.(63세×2) "쏘리, 시스, 에브리바디 나우 노즈 하우 올드 유 아.(Sorry, sis, everybody now knows how old you are, 미안 누나, 이제 모두가 네 나이를 알게 됐네.)"

W와의 전화 통화 후, 나는 그의 가족을 도울 방법을 곰곰이 생각했다. 의사 친구들의 이름이 하나둘 떠올랐고, 밤 11시가 넘은 시간에 염치 불구하고 연락을 하기 시작했다. 다행히 다음 날 아침, 나를 유일하게 "SK형"이라고 부르는 S와 통화를 할 수 있었다. 그의 소개로 Y는 3일 뒤 뉴욕의 세계적 암센터인 메모리얼 슬론-케터링(Memorial Sloan-Kettering)에서 망막모세포종(Retinoblastoma) 진단을 받았다. 그리고 이틀 후, W와 통화한 지 6일 만에 첫 항암 치료를 시작할 수 있었다. Y의 치료는 세계적으로 손꼽히는 망막모세포종 전문의가 맡게 되었다.

다행히 생명을 잃을 가능성은 매우 낮다는 소견이 나왔다. 하지만 시력을 지킬 수 있는 가능성은 20%에 불과했다. 스무 살도 넘기지 못할 거라 했던 우리 누나들이 결혼하고 아이들 낳아 잘 살고 있듯, Y도 두 눈 크게 뜨고 아름다운 세상을 마음껏 보며, 행복하고 긴 인생을 살아가리라 믿는다. 그리고 그렇게 되기를, Y의 가족과 우리를 비롯한 많은 사람들이 간절히 기도하고 있다.

2025.8.19.

사람은 자신을 품어야 어른이 된다

 채권 일을 하는 사람들이 다 아는 농담 하나가 있다. 사람과 채권이 무엇이 다른가에 대한 농담이다. 채권에는 만기되는(mature) 날짜가 분명히 찍혀 있지만, 사람이(특히 남자들이) 철이 드는(mature) 시기는 아무도 모른다는 것이다. 남자로서 좀 기분이 나쁜 농담이지만, 사람이 언제 성숙해지는 알 수 없는 것은 사실인 듯하다.

 법은 나이를 기준으로 권리를 부여함으로써 사회의 책임 있는 일원, 즉 어른이 되었음을 인정한다. 예를 들어 뉴저지에서는 만 열여섯 살부터 열여덟 살까지는 몇 가지 엄격한 제약 아래 운전을 할 수가 있고, 열여덟 살이 되어야 결혼을 할 수가 있다. 미국법은 만 열여덟 살이 된 시민에게 선거권을 주고, 스물한 살이 되어야 합법적으로 술을 마실 수 있게 한다. 술을 싫어하는 나도 스물한 살이 살 되던 날, 학교 친구들과 함께 미도리 칵테일을 마신 기억이 있다.

그런데 미국에는 법과 상관없이 '성숙기'의 시작이라 여겨지는 일이 하나 있다. 매년 8월과 9월, 대학 입학을 앞둔 자녀들이 집을 떠나는 일이다. 부모의 보호가 당연했던 둥지를 떠나는 이 일은 중요한 성장의 이정표가 된다. 많은 자녀가 다시 집으로 돌아오지 않기 때문이다. 상황이 어려울 때 잠시 머무를 수는 있겠지만, 결국 부모들은 자녀가 대학으로 떠나는 일을 분가로 본다. 그래서 자녀들이 모두 대학으로 떠난 집을 '빈 둥지'라 부른다.

우리 부부도 얼마 전 6년 넘게 품어 온 '새'를 날려 보냈다. 우리에게 소중한 아이, 예진이를. 그런데 떠나보낸 방식이 늘 마음에 걸렸다. 예진이는 2020년 8월, 집에서 차로 약 일곱 시간 거리에 있는 케이스웨스턴리저브대학에 입학했다. 코로나가 아니었다면 차로 직접 오하이오주 클리블랜드까지 가서 기숙사 방에 짐을 넣어 주고, 냉장고나 작은 램프 등 필요한 것도 사 주었을 것이다. 그런데 팬데믹 때문에 예진이는 혼자 비행기를 타고 떠나야 했다. 다른 주에서 오는 사람들에 대한 방역 규칙이 엄격했기 때문이다.

그 후 우리는 예진이를 찾아갈 기회를 기다렸다. 마침 아들 데이비드의 봄방학을 맞은 3월 말, 드디어 예진이에게 가기로 했다. 예진이가 좋아하는 한국 음식을 자동차 트렁크에 가득 싣고, 시추 강아지까지 차에 태워 모처럼 가족 여행을 떠났다. 예진이의 학교 근처 에어비앤비 숙소에서 4박 5일 동안 맛있는 음식을 해 먹으며 함께 지낼 예정이었다. 장거리 운전을 도맡을 아내를 위해, 나는 졸지 않고 재미있는 대화를 이어 갈 만반의 준비를 했다.

그런데 조수석에 앉아 있던 내게 문자가 하나 왔다. 내가 입시를 도와주었던 교회 학생이 케이스대학에 합격했다는 소식이었다. 부모의 부탁으로 토요일마다 전화로 에세이에 대해 조언해 주었는데, 그 학생이 예진이처럼 케이스대학에서 장학금을 포함한 입학 허가를 받은 것이었다. 나와 아내는 기뻐하며 학생 부모에게 축하 전화를 했다. 미국 대학 가운데 42위인 학교에 거의 전액 장학생으로 합격한 것은 충분히 축하받을 일이었기 때문이다.

그러나 전화를 끊자 차 안에는 묘한 침묵이 흘렀다. 불편한 침묵이었다. 몇 분 후, 내가 먼저 입을 열었다.

"근데 예진이 생각하면 꼭 좋은 것만은 아닌 것 같지?" 나는 작게 한숨을 쉬었다.

"당신이 무슨 말 하는지 알아." 아내가 대답했다.

그랬다. 친한 교인의 아들이 케이스대학에 간다는 사실에 나와 아내는 곧바로 예진이에 대한 걱정을 하게 된 것이었다.

예진이는 야나(YANA) 유학 프로그램을 통해 우리에게 오게 된 아이다. 야나는 한국 보육원에서 생활하는 아이들을 돕기 위해 지인들과 내가 세운 비영리단체다. 만 두 살 때부터 열두 살 때까지 서울 동명아동복지센터에서 자란 예진이는 야나가 미국으로 초청한 첫 유학생이었고, 우리 가족이 그 귀한 아이의 호스트 패밀리가 되었다. 서로에게 익숙해지고 한 가족이 되기까지 세월도 노력도 많이 필요했지만, 어느새 예진이는 입양 절차가 필요 없을 만큼 가까운 우리 딸, 그리고 데이비드의 누나가 되어 있었다.

이런 성장 배경을 아는 교회 친구가 같은 대학에 가게 된다는 소식을 들었을 때, 나와 아내는 같은 기억을 떠올렸다. 예진이가 언젠가 이런 말을 한 적이 있었다. 교회를 옮기고 싶다고. 자신에 대해 아는 사람이 많은 교회가 불편해진 모양이었다. 다른 교회에 가면 자신도 데이비드와 똑같은 엄마 아빠의 아이가 될 수 있지 않겠느냐는 것이었다. 그런데 교회 친구가 같은 대학에 들어가면, 예진이의 배경이 학교 친구들이나 그곳 교회 사람들에게도 알려지지 않을까 하는 걱정이 들었다.

우리는 원래 쓸데없는 걱정을 자주 한다. 예진이는 오히려 뜻밖의 반응으로 우리를 안심시켰다. 대학 후배가 될 그 친구가 입이 가벼운 아이도 아니고, 설령 자신의 배경이 새 친구들이나 새 교회에 알려진다 해도 괜찮다고 했다. 그 이야기가 사실이니 부끄러울 이유가 없고, 굳이 감출 필요도 없다고 당당히 말했다.

그 순간 마음이 뭉클해졌다. 마시는 공기가 가슴을 후련하게 해 주는 것 같았다. 한때는 자신의 배경을 숨기려 했던 아이가 어느새 자신을 온전히 받아들이는 어른이 되었다는 사실이 자랑스러웠다. 친부모와 같이 살 수 없어서 10년 동안 시설에서 지냈던 예진이의 마음 건강에 대한 걱정도 이제는 한결 내려놓을 수 있을 것 같았다. 자기 자신을 거리낌 없이 받아들이는 당당함이야말로 성숙의 증표이자 마음 건강의 증명이라고 믿기 때문이다.

2021.04.24.

장애인을 위한
스마트 사회

지난 6월 중순이었다. 오랫동안 함께 해 온 출판사 편집장님과 홍보팀장님께 도움을 청했다. 출연 섭외, 강연 요청, 광고 제안 등 매일 들어오는 연락에 직접 대응하기가 힘들어 그 일을 맡아 줄 대행사를 찾아 달라고 부탁한 것이다. 5월에 출연했던 예능 「유퀴즈」를 통해 갑자기 내가 세상에 널리 알려진 듯했다. 방송통신위원회 방송콘텐츠 가치정보분석시스템에 따르면, 5월 넷째 주 예능 출연자 언급량에서 13위까지 기록했다는 뉴스도 읽었다. 경험이 많은 홍보팀장님은 곧 연락이 줄어들 거라고 말했다. 특히 내가 한국에 살지 않기 때문에 요청을 거절할 수밖에 없으니 관심이 오래가지 않을 거라는 설명이었다. 그 말을 듣고 난 뒤부터 연락은 정말 빠른 속도로 줄어들었다. 그리고 좀 올라가려던 내 자만심도 금세 수그러지고 말았다.

그래도 이번 일을 계기로 다시 연락이 닿은 친구들도 있었고, 오랜만에 다시 만날 기회가 생긴 이들도 있다. 의미 있는 인연으로 이어질 수 있는 사람들에게서 연락을 받기도 했다. 내가 설립한 비영리단체 '야나 미니스트리'에 후원하겠다는 사람도 있었고, 시각장애인을 위한 특별 기기를 연구 제작하는 분들도 있었다. 특히 내게 큰 희망을 준 분은 LG전자 고객가치혁신실에서 접근성 업무를 담당하는 박세라 님이었다. 그녀는 자신을 "전자 기기를 사용할 때 촉각적인 보조 장치가 필요한 사용자를 위해 점자 스티커나 음성 설명서를 개발하는 테크니컬 라이터"라고 소개했다. 가전 제품 사용자 중 나이가 많거나 신체 활동이 불편한 분들을 대상으로 테스트를 진행하며 사용상의 불편을 개선하는 업무를 맡고 있다고 했다. 그래서 세라 님의 연락이 내겐 더욱 특별히 반가웠다.

시각장애인이 컴퓨터나 스마트폰을 사용할 수 있도록 만든 스크린리더는 참 많은 이들의 삶을 바꿔 놓았다. 화면에 표시되는 정보를 음성으로 읽어 주고, 점자로도 출력해 주는 이 기술 덕분에 직장 생활이 가능해졌고, 21세기를 사는 우리에게 필수인 스마트 기기 사용도 가능해졌다. 장애가 주는 불편이나 불평등을 크게 줄여 준 것이다.

하지만 컴퓨터와 스마트폰을 제외하면 내가 혼자 사용할 수 있는 전자·전기 제품은 여전히 많지 않다. 복잡해진 리모컨, 화면에 나타나는 수많은 질문과 선택지 때문에 텔레비전도 혼자 보기 어렵다. 사용법이 지나치게 복잡한 전자레인지, 기능이 늘어난 전기밥솥도 마찬가지다. 냉장고의 제빙기나 정수기도 쉽게 다룰 수 없다. 예전엔 가능했던 빨래조차 이제는 쉽지 않다. 선택지가 지나치게 많은 세탁기와 건조기 때문이다.

게다가 요즘은 터치스크린을 사용하는 기기가 매우 많아졌다. 예전에는 어떤 순서로 버튼몇 개만 누르면 현금자동입출금기에서 돈이 나왔는데, 이제는 혼자 사용하기조차 힘들다. 기차표 자동 발매기, 식당의 무인 주문기도 터치스크린을 기반으로 하다 보니, 시각장애인은 물론 고령층까지 독립적인 생활을 하기 어려운 세상이 돼 버렸다.

이런 생각을 할 때마다 떠오르는 기업이 있다. 바로 애플이다. 애플은 오랫동안 시각장애인들에게 불만의 대상이었다. 스크린리더 개발을 누구에게나 열어 두었던 윈도 OS와는 달리, 애플은 스크린리더 개발을 허용하지 않았다. '아웃스포큰(Outspoken)'이라는 스크린리더가 있어 시각장애인이 매킨토시를 사용할 수는 있었지만, 여러 기업이 경쟁하며 개발하는 윈도용 스크린리더와 비교하면 기능이 매우 부족했다. 결국 시각장애인들은 매킨토시를 오랫동안 사용할 수 없었다. 마치 애플이 매킨토시를 시각장애인들이 쓰지 못하도록 설계한 것처럼 느껴질 정도였다.

그런데 2005년, 애플이 '보이스오버(VoiceOver)'라는 스크린리더를 선보이며 상황은 달라졌다. 시각장애인들도 매킨토시를 사용할 수 있게 된 것이다. 이어 2009년과 2010년에는 각각 아이폰과 아이패드에도 보이스오버 기능이 추가됐다. 놀라운 점은, 1990년대 초부터 여러 기업이 개발해 온 윈도용 스크린리더와는 전혀 다른 방식의 스크린리더를 애플이 만들었다는 것이다. 복잡한 교육이나 긴 훈련 없이도 터치스크린을 조작할 수 있었고, 그 덕분에 아이폰과 아이패드를 시각장애인들이 자유롭게 사용할 수 있었다. 이제 대부분의 시각장애인은 애플의 스마트 기기를 쓴다. 보이스오버가 없었다면 현대인의 필수품인 스마트폰은 시각장애인들에게는 여전히 접근하기 어려운 도구였을지도 모른다. 구글의 음성 안내 기능도 안드로이드 기기 사용을 가능하게 해 주었지만, 여기에도 애플의 보이스오버의 뛰어난 기능이 영향을 주지 않았을까 싶다.

스마트 기기 사용을 가능하게 한 '큰일'을 애플이 해냈다면, 누구나 쉽게 쓸 수 있는 전자제품 디자인의 혁명은 한국 기업 LG전자가 이끌기를 기대해 본다. 박세라 님뿐 아니라, LG에 근무해 온 지인들에게서도 LG의 기업 정체성에 대한 이야기를 들은 적이 있다. LG는 성장과 이윤만이 아니라 사회적 문제와 이슈에도 관심을 기울이는 기업이라고 했다. 특히 윌리엄 조 LG전자 사장을 비롯한 경영진은 기회가 있을 때마다 이런 기업 철학을 강조했다고 한다.

시력이나 청각 등에 장애가 있는 이들을 위한 디자인 개선은, 갈수록 늘어 가는 고령층 소비자들에게도 큰 도움이 될 것이다. 더 살기 좋은 세상, 더 발전한 가전제품이 훨씬 더 많은 사람들의 삶을 더 편리하게 해 주는 미래를 꿈꿔 본다.

2022.07.23.

요 정도 부탁은
괜찮겠지?

지난 6월 13일 일요일이었다. 드디어 기다리던 소식이 왔다. 새벽에 한국에 있는 형님에게서 이런 카톡 메시지를 받은 것이다.

"7월부터 해외 백신 접종자는 입국 시 격리 면제라는데!"

두 번째 에세이집 출간을 앞두고 한국을 방문하기로 한 나와 아내 그레이스는 원래 2주간 자가 격리를 하는 것을 염두에 두고 일정을 잡았다. 6월 24일 한국에 입국해 격리를 마친 뒤 7월 9일부터 활동을 시작할 계획이었다. 그런데 정부가 5월부터 한국에서 백신을 맞은 사람은 귀국 후 자가 격리를 하지 않아도 된다는 방침을 발표했다. 그래서 미국에서 백신을 맞은 우리도 자가 격리 면제를 받을 수 있지 않을까 하는 기대를 하게 됐다.

아니나 다를까, 외국에서 백신 접종을 마친 사람들에게도 자가 격리 면제를 해 줄 거란 뉴스가 떴다. 형님의 메시지를 받고 곧바로 인터넷 뉴스를 살폈다. 한국 시각으로 13일, 중앙재난안전대책본부가 '해외 예방 접종 완료자 입국 관리 체계 개편 방안'을 발표한 것이다. 정부는 7월 1일부터 외국에서 백신을 맞은 사람은 입국 시 14일간의 자가 격리를 면제한다고 했다. 나는 자가 격리를 하지 않아도 된다는 생각에 안도의 숨을 내쉬었다.

하지만 그다음부터 예상치 못한 일들이 벌어졌다. 다음 날 월요일 아침, 나는 면제 신청 절차를 알아보기 위해 뉴욕 총영사관에 전화를 걸었다. 불통이었다. 미국 전역의 여러 한국 총영사관에 전화를 걸어도 마찬가지였다. 답답해진 나는 총영사관들에 메일을 보내기 시작했고, 얼마 후 뉴욕 총영사관에서 답신이 왔다.

"해외 백신 접종자 격리 면제서 발급 관련, 발급 절차 및 필요 서류 등이 아직 준비 단계인 것으로 알고 있습니다."

나중에 알게 된 사실이지만, 자가 격리 면제 신청 절차와 면제서 발급 사무를 담당하는 영사관 직원들조차 13일 발표 소식을 뉴스로 처음 접했다고 한다. 언제부터 신청서를 받기 시작할지, 어떤 서류가 필요한지, 신청부터 발급까지 얼마나 걸릴지 아는 이는 아무도 없었다. 결국 우리가 이 혜택을 받을 수 있을지조차 불확실하다는 사실을 깨달았다.

그 순간 문득 아이디어 하나가 떠올랐다. 언제부턴가 나는 뉴욕에서 열리는 한국 정부 행사에 초대받는 사람이 되어 있었다. 한국 경제, 금융 시장에 관한 브리핑이나 세미나, 또 개천절 기념행사처럼 뉴욕 총영사관이 주최하는 행사에 매년 초대받았다. 뉴욕 총영사를 일대일로 만나 내가 지인들과 함께 운영하는 한국 보육원 아동 후원 단체 '야나 미니스트리'의 목표를 설명한 적도 있었다. 그래서 '총영사나 얼굴을 아는 영사들에게 연락해, 절차가 확정되는 대로 빨리 면제서를 발급해 달라고 부탁해 볼까?' 하는 생각이 든 것이다.

늦어도 7월 1일부터는 신청서를 받는다는 소문이 돌았는데, 처음엔 신청자들이 아주 많이 몰릴 것이 뻔했다. 그래서 신청부터 승인까지 얼마나 시간이 걸릴지 알 수 없었다. 나는 7월 9일부터 한국에서 활동을 시작해야 했기 때문에, 아는 이에게 부탁한다면 일찍 면제서를 받을 수 있지 않을까 싶었다. 하지만 이내 생각을 바꿨다. 얼마 전 비슷한 일로 많은 사람을 곤란하게 했던 기억이 떠올랐기 때문이다.

'한소네'는 나에게 없어서는 안 될 도구다. '힘스(HIMS) 인터내셔널'이라는 한국 회사에서 만든 이 점자 정보 단말기는 워드프로세서, 이메일, 웹 브라우저 등을 점자와 음성으로 사용할 수 있게 해 준다. 한소네는 내가 한글을 잊지 않게 해 주었고, 글 쓰는 일을 할 수 있게 도와준 은사와 같은 존재였다. 2008년부터 한소네로 글을 읽고 써 왔던 나는 힘스 직원들과도 친하게 지내 왔다. 대전 본사를 두 차례 방문했고, 한번은 사장에게서 푸짐한 점심 대접을 받기도 했다.

힘스는 몇 달 전 최신 버전인 '한소네 6'를 내놨다. 최신 하드웨어를 장착했고, 줌, 구글 미트(Google Meet) 같은 화상 회의 프로그램도 사용할 수 있도록 업데이트됐다. 게다가 구버전 사용자들에게는 특별히 저렴하게 판매한다는 말도 들었다. 그러나 내가 구매를 결정했을 때는 이미 할인 기간이 끝난 뒤였다.

나는 힘스와의 인연을 내세워 가격 할인을 부탁했다. 미국에서는 어렵다는 말을 듣고, 한국 본사에 전화를 걸었다. 그러나 내가 한소네 5를 미국에서 샀기 때문에 한국에서 혜택을 받을 수 없다는 답변을 들었다. 오기가 생겨 '힘스에 있는 동기에게 연락해 볼까?'라는 생각까지 들었지만, 곧 내가 무리한 부탁을 하고 있다는 사실을 깨달았다.

 나는 오래전부터 자신의 지위를 이용해 특권을 누리는 정치인이나 고위직 공무원을 비판적으로 생각해 왔다. 고등학생 자녀가 일류 교수와 함께 연구하거나, 전문 저널에 실릴 논문에 저자로 이름을 올리는 것이 특혜가 아니라고 주장하는 사람도 있다. 그러나 그런 특권층 가운데 자신들이 누리는 권위에 걸맞는 능력을 갖춘 사람은 얼마나 될까.

 '다른 사람들에게 적용되는 규칙이 나에게는 적용되지 않는다.'는 생각. 문득 돌아보니 나 역시 내가 비판했던 그들처럼 속으로는 특권을 바라고 있었다. 힘스나 총영사관에 기대했던 것 또한 잘못된 권위 의식에서 비롯되었다는 사실을 깨닫자 부끄러움이 몰려왔다. 그래서 다른 이들과 마찬가지로 규칙을 지키기로 했다. 결국 나와 아내는 현재 한국에 들어와 자가 격리를 하고 있다.

2021.07.03.

이윤보다 중요한 것

2021년 9월 중순, 새삼 '그 기업'이 세간의 입방아에 올랐다. 사회에 끼친 피해가 크고, 그 사실을 알고도 제대로 조치하지 않았기 때문이었다. 그 주인공은 바로 페이스북. 페북이 운영하는 또 다른 소셜미디어인 인스타그램이 아동 정신 건강을 해친다는 뉴스를 시작으로, 온갖 부정적 보도가 세상을 흔들었다. 이런 내용을 세상에 알린 내부 고발자 프랜시스 하우겐의 정체가 밝혀졌던 10월 4일, 페북은 몇 시간 동안 접속 장애를 일으키기도 했다.

한때 나에게 페이스북은 무용지물이었다. 원래 페이스북

은 하버드대 학생들에게 매년 배달되던 책자의 이름이었다. 말 그대로 학생들의 이름과 사진, 전화번호가 기록된 주소록이었다. 그러니 시각장애인인 나에게는 전혀 쓸모없는 또 하나의 인쇄물에 불과했다. 그런데 2004년 2월, 마크 저커버그라는 대학 2학년생이 자신의 기숙사 방에서 학생들의 이름과 사진을 온라인 데이터베이스에 올리기 시작했다. 일개 학생의 개인 프로젝트가 17년 후, 매달 30억 명이 방문하는 소셜미디어 대기업으로 성장할 줄이야. 특히 나 같은 시각장애인들도 사용할 수 있는 소셜미디어가 되리라 누가 상상이나 했을까.

나는 2010년 7월쯤 처음 페이스북에 가입했다. 아직도 그때 올린 포스트들이 기록에 남아 있는데, 당시 나는 스마트폰을 사용하지 않았기에 '한소네'라는 점자 단말기로 페북에 접속하곤 했다. 영어와 한글이 점자로 출력되고, 두 언어의 글을 음성으로 읽어 주는 단말기였다. 덕분에 영어와 한국어 콘텐츠를 자유롭게 읽고 포스트를 올릴 수 있었다. 드디어 나에게도 무용지물이 아닌, 진짜 페이스북이 배달된 것이다.

이 칼럼을 쓰기 위해 지난 11년간의 페북 포스트, 지인들과 주고받은 글들을 훑어보았다. 꼬박 반나절이 걸렸는데,

결론은 이렇다. '이건 내 일기지만, 페이스북이라는 기업이 커 온 역사이기도 하구나.' 페이스북은 기업으로서 몸집을 키워 가는 동시에 문제점도 함께 키워 왔다. 내 페북 친구들은 이 플랫폼을 자유롭게 이용하면서도 그들의 사생활을 페북으로부터 보호해야 했다.

요즘은 일반 투자자도 월가 애널리스트 못지않게 전문성을 갖추는 세상이다. 마음만 먹으면 상장 기업의 실적 보고를 직접 볼 수 있고, 경영진과 애널리스트가 질의응답하는 회의 자료도 웹사이트에 공개된다. 이런 자료를 30년 가까이 들어온 내게 최근에 든 생각 하나가 있다. 경영진들이 사회적 책임이나 환경보호, 그리고 소비자와 직원을 챙기는 마음가짐에 대해 언급하는 횟수가 눈에 띄게 늘었다는 점이다.

냉정한 자본주의 원칙에 따르고, 주주에게 최고의 이윤을 돌려주는 것만이 다가 아닌 세상이다. 살기 좋은 세상을 만들려 노력하고 있다는 점까지 강조하는 경영진이 늘어났다. 최고의 성장과 이윤 못지않게, 선한 기업의 시민으로 인식되는 것이 중요한 시대가 된 것이다. 반대로 사람이나 환경에 해가 되는 상품, 서비스, 사업 방식은 고객과 투자자에게 비판과 외면을 받는다.

아이러니하게도 페북은 선한 기업의 대표가 될 수도 있었다. 연락이 드문 가족과 친척, 잊고 지낸 동창이나 어린 시절 친구들, 그리고 자주 만나거나 통화하기 쉽지 않은 지인들을 이어 준 것도 페북이었다. 나 역시도 20년 동안 만나지 못했던 고등학교 친구들과 다시 연락이 닿았고, 동료나 업계 지인들과도 친구처럼 지낼 수 있는 사이버 공간을 얻었다. 서로의 생활과 생각을 나누며 공감과 이해를 얻을 수 있었고, 각자의 아이나 배우자와의 일상에서 건져 올린 유머나 지혜도 함께 나눌 수 있었다. 내가 올린 페북 기록에도 격려와 유머, 존중과 깨달음의 메시지가 많았다.

순진한 아이가 성장해 어른이 되듯, 페북도 사용자가 늘면서 사업 초점이 성장과 이윤으로 기울 수밖에 없었을 것이다. 다른 미디어 회사와 마찬가지로 페이스북도 주로 광고비에 기반한 사업 모델을 추구했다. 더 많은 광고, 더 많은 고객, 더 높은 광고비를 위해서는 이용자들이 오래 머물며 콘텐츠를 소비해야 했다. 불행히도 우리는 자극적인 뉴스나 주장에 더 민감하게 반응한다. 그리고 '좋아요'를 얻기 위해서도 꽤 신경을 쓴다. 결국 정치나 종교 같은 주제에서 사람들은 편을 갈라 싸우고, 음모론을 만들었다. 페북은 이런 활동을 완전히 막지 못했다.

결국, 답은 우리에게 달려 있다. 아무리 경영진이 선한 기업 이미지를 내세운다 해도 자본주의 기업은 성장과 이윤을 추구할 수밖에 없다. 페북이 10월 말에 발표한 메타라는 새 회사명에도 '사용자 보호'를 우선하는 가치가 담긴 것 같지는 않다. 소셜미디어 사업 모델의 부득이한 위험에 노출될 수밖에 없는 환경에서 우리를 지키는 것은, 결국 우리 스스로의 선택이다. 그래서 나는 시야를 좁히기로 했다. 733명이나 되는 페북 친구들 가운데 정말로 가까운 이들만 추려 친한 친구 목록을 만들고, 그들의 게시물과 댓글만 볼 수 있도록 설정을 바꿨다. 처음 페북을 시작할 때 느꼈던 따스함을 조금이라도 되찾고 싶어서였다.

2021.11.06.

욕심과 두려움 사이, 놓치면 안 되는 가치 판단 감각

아내는 가끔 이해하기 어려운 말을 한다. 아내가 아프면 나도 다른 남편들처럼 의사에게 가자고 하지만, 아내는 항상 일단 싫다고 하고 본다. 주사를 무서워해서 그런 거라면 귀엽기라도 하지. 아내는 자신이 심각한 병에 걸렸을까 봐 가기를 꺼리는 것이다. 잘 이해가 되지 않는다. 심각한 병이라면 오히려 더 빨리 진단받고 치료나 수술을 하는 것이 맞지 않나. 그래도 아내의 불안한 마음을 이해하려고 노력했다. 적어도 겉으로는.

부부가 닮아 가는 걸까. 1년 전부터는 나도 아내와 비슷한 생각을 하게 됐다. 아무래도 병원에 가야 할 것 같으면서도 예약을 차일피일 미루는 것이다. 괜찮을 거라며 스스로 위로했지만, 혹시 내가 짐작하는 병이 맞다면 너무 충격적이지 않은가. 그러니 차라리 병원 가기를 미룰 수밖에.

주로 경마를 주제로 소설을 썼던 영국 작가 딕 프랜시스. 그의 소설 속 주인공들은 집안 배경과 상관없이 똑똑하며 인생의 큰 시련을 묵묵히 받아들인다. 또 그가 사랑하는 이들에게 닥치는 부당한 사건들을 강인하게 해결한다. 그중에서도 '시드 핼리'라는 인물이 있다. 프랜시스가 쓴 다섯 권의 소설에 반복해서 나오는 주인공으로, 직업은 경마 기수였으나 적의 공격으로 왼손을 잃고 더 이상 활동할 수 없게 된다. 이후 탐정으로 변신한 핼리는 언제나 악인들에게 방해받는데, 그들은 그의 오른손마저 자르겠다고 위협한다.

'두 손이 전부 없어진다면…….' 핼리가 자신의 미래를 비관하며 쏟아 내는 온 감정을 흡수하며 나도 함께 두려움을 느꼈다. 바로 청력마저 잃는 두려움이었다. 나는 녹내장과 망막박리로 아홉 살에 시력을 잃었으며, 아주 밝은 빛조차 보지 못하는 1급 시각장애인이다. 그래서 청각은 내게 무엇보다 소중하다. 점자를 읽기도 하지만 내게 오는 정보의 대부분은 귀를 통해서 전달되기 때문이다. 그래서 청각을 잃는다는 건 곧 세상과 소통에 필요한 줄이 끊어지는 것이나 다름없다. 오래전에 시력을 잃으면서 약해진 그 줄이 닳아 결국 끊어질 수도 있으니까.

언제부터 사람들의 말이 희미해졌는지는 잘 모르겠다. 특히 재택근무를 시작한 2년 전부터 가족 외에는 거의 화상회의나 전화로만 대화했다. 그러다 지인들과 식당에 가면서 문제가 드러났다. 조금만 떨어져 앉은 이들의 말을 잘 알아듣지 못하는 상황이 생긴 것이다.

내가 어떤 질문을 하면 옆에 앉은 아내가 말한다. "아니, 좀 전에 말한 걸 왜 또 물어봐?" 처음에는 마스크 때문이라고 생각했다. 혹은 입에 음식을 물고 있어서 내가 듣지 못했을 거라고 생각했다. 그러나 올해 초부터는 상태가 심각할 수 있겠다고 느꼈다. 뉴저지 식당에서 마스크를 쓰는 사람들이 줄어들었고 이제는 거의 쓰지 않는데, 여전히 내가 말을 잘 알아듣지 못했기 때문이다.

결국 나는 내 대학 동창인 주치의에게 털어놓았고, 그의 권고로 전문의를 찾았다. 의사는 내 청각 손실이 '가벼움'에서 '중증' 사이에 있다고 진단했다. 특히 높은음의 소리를 듣는 감각이 손상됐다고 했다. 왜 여성들의 말소리가 더 희미했는지 이유를 알게 됐다. 의사는 내 아이폰을 건네받아 다시 세팅을 해 주었다. 소리 제한을 85dB에서 80dB로 낮추라고 했다. 아직 보청기를 쓸 정도는 아니지만 큰 소리에 노출되지 않도록 주의하라는 조언도 해 주었다. 그때부터 나는 아이폰과 컴퓨터 스피커 볼륨을 생각날 때마다 낮추려 애쓰고 있다.

사실, 기업의 가치를 판단하는 감각도 이와 비슷하다. 너무 큰 자극에 자주 노출되면 감각이 흐려진다. 우리 자산운용 팀은 엄격한 퀀트(통계 기반 분석) 모델로 증권의 가치를 계산한다. 그러나 그것도 정확하지 않을 수 있다. 애널리스트들이 판단하고 예측하는 변수에 따라 가치를 계산하는 도구이기 때문이다. 특정 기업의 주가가 전반적으로 높을 때 애널리스트의 판단은 과도하게 낙관적으로 기울 수 있다는 것이다. 마치 오랫동안 큰 소리에 노출된 사람이 볼륨을 계속 올리는 것과 같다. 그래서 사업의 추세나 경제의 흐름을 전체적으로 보는 능력이 중요하다. 욕심과 두려움 사이를 오가는 판단력, 그 속에 우리가 지켜야 할 가치 판단의 감각이 있다.

요즘은 특히 욕심이 이 감각을 흐리고 있는 것 같다. 역사적 수준의 인플레이션, 끝을 알 수 없는 우크라이나 전쟁, 그리고 연준의 연이은 금리 인상 경고에도 불구하고, 주가는 크게 하락하지 않았다. 욕심과 두려움 사이를 오가는 투자자들. 과연 이들은 언제까지 욕심에 머물러 있을 수 있을까. 언젠가 두려움이 모습을 드러낼 때, 우리는 가치를 판단하는 감각을 지켜낼 수 있을까? 큰일이 닥친 뒤에야 손실을 무릅쓰고 자산을 매각해야 한다면, 그때는 이미 늦을 것이다. 몹시 염려된다.

2022.04.02.

위험을 무릅쓰고 '옳은' 선택을 해야 할 때

내게서 감사와 기쁨이 사라진 마음을 발견할 때가 있다. 약 3주 반 전, 매년 찾아오는 생일 새벽에 묵상할 때였다. 언제나처럼 내 삶을 오랫동안 신실하게 지켜 주시고 인도해 주신 하나님께 감사를 드렸다. 그런데 감사 문구들을 자주 입에 올리다 보니, 어느 순간 그 문구들이 습관처럼 외워져 아무런 감정 없이 흘러나오는 듯한 느낌이 들었다. 그래서 매년 생일마다 해 왔던 것처럼 어린 시절부터 지금까지의 감사해야 할 일들을 일일이 읊는 대신, 최근 내가 진심으로 기뻐하며 감사했던 기억을 찾으려 애썼다. 놀랍게도 그런 기억은 12월 중순까지, 그러니까 3주

이상 거슬러 올라가야 겨우 하나 발견할 수 있었다.

12월 중순, 아내 그레이스가 짧은 동영상 하나를 받았다. 한 여자아이가 소리 내 엉엉 울고 있는 동영상이었다. 그 아이는 '기쁨이(영어 이름을 한국 단어로 번역한 가명)'였다. 기쁨이는 우리 딸 예진이처럼, '야나 미니스트리'를 통해 미국으로 오게 된 친구다. 보육원을 떠난 뒤 북뉴저지의 한 가정에서 약 6년간 딸·자매처럼 지내 왔고, 그 호스트 부모 역시 친딸처럼 아끼며 키워 왔다. 그런 기쁨이가 자신이 그렇게 바라던 남캘리포니아의 한 명문대에 수시 합격했다는 소식을 듣고 기쁨을 주체하지 못해 울음을 터뜨린 것이었다. 나와 아내는 물론, 이 소식을 전해 들은 야나 식구들도 기쁨이와 기쁨이 부모에게 축하 메시지를 보냈다. 그중에는 본인의 자녀가 응시한 대학에 불합격한 이들도 있었지만, 그와 상관없이 모두 기쁨이의 합격을 함께 기뻐하며 감사해했다.

문제는 최근에 기쁨과 감사로 기억될 일이 얼마나 드물었으면 3주 넘는 공백이 있었느냐는 것이다. '21세기의 복잡한 세상에 어떻게 매일, 매주 기뻐하고 감사할 수 있겠는가?' 하는 당연한 의문에도 일리가 있다. 구름 한 점 없는 하늘이 1년 365일 계속될 수 없듯, 늘 기뻐하며 감사하는 나날을 보내는 일은 불가능할 것이다. 그러나 3주 이상 회색빛 나날을 벗어나지 못한다면 그 역시 문제가 아닐 수 없다. 그렇다면 도대체 무슨 일이 있었던 걸까?

며칠 전 새벽, 집 사무실 문을 닫고 곰곰이 생각하며 나를 괴롭히는 일들을 몇 가지 적어 보았다. 왜 내 마음이 계속 무거운 걸까? 감사보다 안타까움이, 기쁨보다 염려가, 사랑이나 은혜보다 비판과 미움이 내 안에 가득 차 있음을 인정할 수밖에 없었다. 돌이켜 보면 작년처럼 증권업계 사람들에게 힘들었던 시기도 드물었다. 주식과 채권이 큰 폭으로 하락하면서 월가에는 보너스가 줄어든다는 소문이 돌았고, 골드만삭스는 약 3,000명의 감원을 발표했다. 오랫동안 '핫'했던 기술 분야 기업들인 아마존, 구글, 마이크로소프트, 트위터, 메타(페이스북) 등도 꽤 큰 감원을 단행했다. 가까운 지인들에게서는 이혼 소식, 가족의 사망 소식이 들려왔고, 나를 열다섯 살 때부터 키워 주신 아흔두 살 아버지와 대화할 때마다 17년 넘게 홀로 살아온 분의 쓸쓸함이 전해졌다.

그러나 이런 것들만으로는 내 마음의 무거움을 다 설명할 수 없었다. 아무리 생각해도 나를 짓누른 것은 '나 자신의 비겁함'이 아닐까 하는 결론을 피할 수 없었다. 작년 9월부터 내가 15년간 가까이 지내며 존경해 온 한 친구가 공격을 받기 시작했다. 사람들이 그 친구를 괴롭히고 사회적 지위를 끌어내리려 한 것이다. 게다가 친구는 나처럼 자신을 지지하는 이들에게 나서지 말고 잠자코 있으라고 부탁했다. 그러나 그를 향한 공격은 더욱 거세졌고, 방법은 더욱 비열해졌다. 친구에 대한 유언비어가 담긴 문서가 배포되기까지 했다. 정치판에서나 할 법한 일들로 괴롭힘당하는 친구를 생각하면 너무 화가 났다. 그리고 내가 할 수 있는 일이 없다는 사실이 그 화병을 키웠다.

돌이켜 보면 내가 심장마비를 의심할 만큼의 진통까지 겪었던 주된 이유는 단순히 그 부당함 앞에서 침묵했기 때문만은 아니다. 그보다는 침묵을 선택한 동기, 곧 나 자신을 보호하려는 이기적인 마음이 화병을 더 깊게 만들었다. 나는 외부의 주목을 꺼리는 회사에서 일하는 월가의 애널리스트다. 한국에서는 정기적으로 칼럼을 쓰고 책을 내는 작가이자 종종 강연 요청을 받는 강사이기도 하다. 또 한국 보육원 아이들을 돕는 야나 재단을 오랫동안 운영해 왔다. 따라서 불미스러운 분쟁에 휘말리면 잃을 것이 많다고 판단했다. 내가 속한 단체들과 내 평판을 지키려는 이유로, 소중한 친구가 당하는 부당함을 애써 외면했던 것이다.

하지만 투자에서 결정을 내릴 때처럼, 살다 보면 위험을 감수하면서라도 '옳은' 선택을 해야 할 때가 있다. 이제 나는 친구를 위해 시간과 노력을 아끼지 않을 것이다. 사실관계를 통해 친구에 대한 유언비어를 바로잡으려 애쓸 것이다. 정정당당하게 내 의견을 마음이 열린 이들과 나누고, 친구를 비판하는 이들의 말에도 귀 기울일 것이다.

내가 좋아하는 시인 로버트 프로스트는 '선한 일을 하는 것(Doing Good)'보다 '올바른 방법으로 잘 하는 것(Doing Well)'이 더 중요하다고 말했다. 이 지혜가 내가 친구를 돕는 지침이 될 것이다. 드디어 마음에 평안함이 찾아온 것 같다. 감사하지 않을 수 없다.

2023.02.04.

낙관의 렌즈

나는 결혼 전에 장모님께 거짓말을 한 적이 있다. 시각장애인을 남편이라며 데려온 딸이 못마땅했을 수도 있겠지만, 장모님은 남의 집 '귀한 자식'을 함부로 대하지 않았다. 오히려 나를 따뜻하게 맞아 주었고, 손수 담근 김치도 맛있는 부분만 골라 담아 주었다. 시간이 지나자 주위 사람들에게 나를 자랑스럽게 소개하기도 했다. 그런 분께 나는 큰 거짓말을 하고 만 것이다.

결혼식을 몇 주 앞둔 어느 날, 장모님이 물었다. 내가 언제쯤 시력을 되찾을 수 있겠느냐고. 두 눈의 시력을 각각 녹내장과 망막박리로 잃은 나는 차마 진실을 말할 수가 없었다.

그래서 즉흥적으로 떠오른 숫자, 10년이라는 말을 건넸다. '설마 믿으시진 않겠지.'라고 생각하며 내뱉은 말이었는데, 장모님은 그 말에 안심한 듯했다. 이후로 장모님은 많은 분께 10년 뒤면 의학이 발달해 사위가 눈을 뜰 거라고 말씀하고 다니셨다.

아내에게도 나는 거짓말을 했다. 2020년 3월 말, 코로나 팬데믹으로 집에 갇힌 지 3주가 되어 갈 무렵 아내가 물었다. 언제쯤이면 상황이 완화돼 자유로운 생활할 수 있겠느냐고. 나는 자신 있게 답했다. 5월 중순, 늦어도 6월이면, 아니 최악의 경우라 해도 여름에는 일상이 돌아올 거라고. 아내가 내 말을 믿었는지는 모르겠다. 몇 달 후, 내가 틀려도 너무 틀렸다며 공격하는 아내에게 웃으며 말했다. 5월, 6월, 여름 얘기는 했지만 2020년이란 말은 안 했다고. 참, 월가 애널리스트들이란······.

이런 말이 있다. 애널리스트가 발표하는 기업 실적 전망은 기업의 미래를 예측하기보다는 견적을 내린 사람, 즉 그 애널리스트가 어떤 사람인지를 드러낸다는 것이다. 그렇다. 나는 세상과 인생, 그리고 미래를 늘 낙관의 렌즈로 바라봐 왔다. 그래서 언젠가 정말로 내가 시력을 되찾으리라고 믿었고, 코로나바이러스도 흔한 독감처럼 현대 의학이 관리할 수 있으리라 믿었다. 그러나 문제는 무엇(What)이 아니라 언제(When)다.

2021년, 나에게는 두 건의 충격적인 사건이 있었다. 첫 번째는 1월 6일, 미국 대선 결과를 뒤집으려는 이들이 워싱턴 국회의사당에 난입한 사건이었다. 미국이 지금의 위치에 설 수 있었던 이유는 '평화로운 권력 계승' 덕분이라는 한 선생님의 말씀이 떠올랐다. 지금까지 미 대통령의 권력 승계는 선거 결과에 따라 순조롭게 진행되어 왔다. 약간의 소동이 일었던 2000년 '고어 vs 부시 사태'도 대법원의 판결로 잘 마무리되었다. 그런데 2020년 대선은 50개가 넘는 법원이 대선이 사기라는 증거가 없다고 판결했는데도 낙선한 후보는 끝내 사기를 주장했다. 그러자 결국 그의 지지자들이 무력으로 결과를 뒤집겠다며 국회의사당을 점거했다. 합법적 권력 계승이 위협받고 사상자까지 발생한 이 사건은, 미국 역사에 기록될 터다. 220년 동안 당연하게 여겼던 평화로운 권력 교체가 더 이상 당연하지 않게 되어 버린 것이다.

두 번째 사건은 코로나의 반격이었다. 2020년 12월, 백신이 긴급사용 승인을 받은 뒤 여러 백신이 추가로 승인됐다. 미국은 독립기념일인 7월 4일을 상징적 목표로 삼으며 바이러스로부터 자유를 기대했다. 그러나 그날이 오기 직전 델타 변이가 일어나 상황을 뒤집었다. 한국은 방역 4단계라는 어려움도 겪어야 했다. 이어 11월에 등장한 오미크론 변이는 델타보다 더 빠른 전파력으로 세상을 또다시 혼란에 빠뜨렸다. 오미크론이 마지막 변이라는 보장도 없다. 열다섯 번째 그리스 알파벳인 오미크론 뒤로 아직 아홉 개의 글자가 더 남아 있다. 그리고 꼭 그리스 알파벳으로 명명해야 할 이유도 없었지 않은가. 과연 코로나로부터의 독립은 언제 가능할까.

그럼에도 나는 2021년을 돌아보며 어려움보다 희망에 마음을 두기로 했다. 열흘 전, 50대 중반까지 독신을 고집했던 처남이 결혼했다. 코로나 때문에 가족과 가까운 지인들만이 모인 결혼식이었지만, 크리스마스 장식으로 꾸며진 교회에서 평생 함께하겠다는 언약을 하는 처남의 눈물 섞인 목소리에서 나는 희망을 느꼈다.

또 8월 말, 내가 지인들과 함께 세운 '야나 미니스트리'의 도움으로 보육원 출신 한 청년이 미국에 왔다. 인턴으로 시작했던 그의 미국 취업 꿈이 드디어 이루어진 것이었다. 9월 초, 공부하기 힘들어했던 또 다른 야나 유학생은 뉴욕주립대에 입학했다. 여름 내내 노력하여 학교가 요구하는 영어 능력을 입증한 덕분이었다. 그리고 일주일 전, 대학에서 요리를 공부한 또 한 청년이 언어 연수를 위해 미국에 왔다. 그는 한국인이 거의 없는 곳에서 영어를 배우고, 언젠가 자기 식당을 열고 싶다고 말했다. 이 청년들에게서도 나는 희망을 보았다.

우리를 치명적으로 쓰러뜨리는 것은 바이러스가 아니다. 정치적·종교적 갈등이 분열을 일으킨다 해도 내 삶을 흔들 순 없다. 희망이라는 면역을 지닌 사람에게 그것은 그저 한 차례 스쳐 가는 바람일 뿐이다.

다시 희망을 선택할 수 있는 새해가 밝았다.

2022.01.01.

최악의 경우에
대비해야 하는 이유

나는 기업 분석과 채권 가치 평가를 토대로 기업들이 발행하는 회사채의 매입과 매각을 추천하는 신용 조사 애널리스트다. 28년 넘는 월가 경력 중 약 5년은 기업과 산업 분석을 통해 주식의 가치를 평가하는 주식 애널리스트 일도 했다. 회사채든 주식이든 증시에 직접 관련된 일을 오래 해 와서인지, 주가나 채권 가격이 매일 오르내리는 데 크게 신경을 쓰지는 않는다. 기업에 본질적인 변화가 없다면, 기업의 본래 가치에도 큰 변동이 없어야 하기 때문이다.

그렇지만 며칠간 오르락내리락하는 증시를 지켜보면 짜

증이 날 때가 있다. 특히 요즘은 더 그렇다. 투자자들의 관심은 인플레이션 억제를 위해 노력하는 미연방 공개시장위원회(FOMC, 미국 연방준비제도의 기준금리 결정 회의)의 향후 금리 결정에 쏠려 있다. FOMC가 금리를 몇 차례 더 금리를 올릴까? 얼마나 더 올릴까? 최고 금리는 어디까지 갈까? 최고 금리가 몇 달, 혹은 몇 년간 유지될까? 높은 금리로 인해 경제가 불황에 빠지지는 않을까? 등등.

미래를 긍정적으로 보는 이들은 불황은 없을 것이라 주장한다. 심지어 미국 금리가 단 0.25%~0.50% 상승만 남겨 놓고 있고, 올해 말부터는 FOMC가 금리를 내리기 시작할 거라고 믿는 이들도 있다. 인플레이션이 확실히 꺾였음을 보여주는 자료가 나오기 전까지는 금리를 올리거나 높은 수준을 유지하겠다는 제롬 파월 의장과 FOMC 관계자들의 경고 메시지를 무시한 채 말이다. 그들의 장밋빛 전망을 접하다 보니 떠오르는 비유가 하나 있었다.

아들 데이비드는 올해 12학년, 즉 한국으로 치면 고3이다. 한국과 달리 미국에서는 시간이 허락하는 한, 또 원서 접수 수수료(30~85달러대)를 감당할 수 있는 한, 원하는 만큼 대학에 지원할 수 있다. 딸 예진이가 3년 전 12곳에 지원했을 때, 한 친구는 왜 20~30곳에 원서를 넣지 않았냐며 나를 나무라기도 했다. 그래서 데이비드에게는 거의 30곳을 추천했다. 결국 아들은 25곳에 원서를 냈고, 우리는 이를 세 가지 카테고리로 나누었다. 첫째, 합격 가능성이 낮은 상향 지원 학교 7곳. 둘째, 아들의 성적과 시험 결과 그리고 학업 외 활동 이력 등을 감안했을 때 무난히 도전할 만한 적정 지원 학교 12곳. 마지막으로 충분히 합격할 수 있는 하향 지원 학교 6곳이었다. 10월 말부터 1월 초까지 아들은 열심히 입학 원서를 작성했고, 이제 조금씩 결과가 도착하기 시작했다.

사람 마음이란 게 참 묘하다. 처음 하향 지원한 뉴욕주립대에서 합격과 장학금 소식을 받았을 때만 해도, 나와 아내는 그래도 대학은 가겠구나 하며 안도감을 느꼈다. 연이어 하향 지원한 3곳에서 합격 소식과 장학금 소식이 오고, 적정 지원 대학 2곳에서도 합격 통보가 왔다. 그중 플로리다주립대는 다른 주(州) 학생들에게 적용되는 비싼 학비 대신 플로리다 거주자 학비를 적용해 주었다. 나에겐 참 기쁜 소식이었다. 그러나 정작 아들 데이비드는 별 반응이 없었다. 자신이 원하는 학교, 즉 상향 지원한 학교 3~4곳에서 아직 소식이 없었기 때문이다. 아들의 그런 태도를 보니, 나 역시 이미 합격 소식을 전해 준 학교들에 대한 감사의 마음이 줄어드는 것을 느꼈다.

사실 데이비드가 가장 가고 싶어 하는 대학은 남캘리포니아에 있는 학교다. 나와 데이비드의 고등학교 선생님은 이 학교를 상향 지원군에 넣었지만, 따져보면 이곳을 포함해 4곳은 초(超)상향 지원, 곧 가능성이 매우 낮은 '로또 학교'였다.

그런데 지난주, 남캘리포니아에 있는 대학에서 두 통의 이메일이 왔다. 하나는 12학년 1학기 성적 제출 요청, 또 다른 하나는 부모의 세금 보고 기록을 국세청을 통해 직접 조회할 수 있도록 동의 서명을 해 달라는 요청이었다. 각 이메일에는 이런 요청이 합격 가능성과 무관하다는 경고 문구가 포함되어 있었다. 다시 말해, 김칫국 마시지 말라는 의미였다. 그럼에도 나는 아들을 격려하기 위해, 그런 경고의 메시지는 혹시 몰라서 다 포함하는 것이고, 둘 다 희망을 좀 걸어 봐도 될 것 같다고 말해 줬다. 사실 나도 그렇게 믿고 싶었다. 최근 성적은 대학들이 충분히 요구할 수 있는 것이지만, 국세청 기록 조회는 비용과 시간이 드는 절차이기에 더 좋은 조짐일 수도 있다는 생각도 들었다. 하지만 동시에 내가 불합리한 생각을 하고 있음을 부인할 수 없었다. FOMC의 결정을 장밋빛 안경을 쓰고 바라보는 투자자들의 심리처럼 말이다.

  내 투자 철학은 단순하다. 인플레이션, 높아지는 이자율, 일시적 불황 그 밖의 경제적 난관을 버텨 낼 수 있는 견고한 기업의 증권이 본래 가치보다 저렴하게 거래될 때 매입하고, 그 가치보다 비싸게 거래될 때 매각한다. 물론 말보다 실천이 어렵다. 앞으로 FOMC가 몇 달 안에 무슨 결정을 내릴지는 미리 짐작할 필요가 없다. 대학들이 지원한 학생들의 앞서가는 기대감을 경계하며 경고 메시지를 덧붙이는 것처럼, FOMC 역시 투자자와 경제 전반의 심리를 관리하려는 의도로 경고를 내놓는 것이다. 중요한 것은 장밋빛 희망을 과신하기보다 합격·불합격과 금리 향방에 관한 다양한 시나리오에 대비하는 일이다. 최선을 기대하지만, 최악에 대한 준비도 언제나 해야 하기 때문이다.

2023.03.04.

당연한 것이
가장 위험해

"휴, 많아도 너무 많았어." 지난 토요일, 커다란 쓰레기 봉지를 여섯 개나 버리고 돌아온 아내가 중얼거렸다.

아내가 한 말의 의미를 설명하기 전에, 먼저 미국의 가장 큰 명절인 추수감사절을 소개해야겠다. 미국에서는 매년 11월 넷째 주 목요일에 추수감사절을 지낸다. 멀리 살던 가족들이 한곳에 모이고, 만찬을 준비하느라 며칠간 분주하다. 감사절 대표 요리인 칠면조를 통째로 굽고, 매시드 포테이토, 고구마 캐서롤 같은 음식을 만든다. 감사절의 대표적인 디저트는 역시 호박, 사과, 피칸 등으로 만든 파이들이다! 파이 위에 아이스크림이나 치즈를 얹어 먹기도 한다. 1년 중 이날만큼은 누구나 다이어트 걱정을 내려놓고 마음껏 먹는다.

우리 가족은 다 모여도 여섯 명뿐이다. 대부분 친척이 한국에 있기 때문이다. 그래서 늘 다른 사람들을 초대해 만찬을 준비해 왔다. 2020년에는 코로나 때문에 우리 가족끼리만 조촐하게 모였지만, 2021년에는 달랐다. 주변 사람들 모두가 백신을 맞았고, 최근 몇 달간 코로나 확진자도 없었다. 그래서 다시 사람들을 초대했다. 애초 13명을 예상했는데, 지난 목요일에만 무려 24명이 왔다. 예상보다 많아 놀라긴 했지만, 서로 감사한 일을 나누고 한식을 함께 먹으며 즐거운 시간을 보냈다.

그럼 다시 아내의 말로 돌아가 보자. "사람이 너무 많았다."는 말은 집을 가득 채운 30명에 관한 것이었다. 집 크기를 보나, 음식을 준비하는 아내의 수고를 보나 30명은 확실히 많았다. 아내는 "다음엔 꼭 봐야 할 사람끼리 오붓하게 모여야겠어."라고 말했다. 나는 속마음을 얘기하고 싶었지만, 굳이 말을 보태 봤자 소용없다는 걸 알았다. 모임이 끝날 때마다 아내가 버릇처럼 하는 말이었기 때문이다. 그리고 결국 다음 모임은 더 크게 준비하는 아내를 나는 늘 보아

왔다. 그러니 크리스마스 파티 역시 크게 하게 될 것이다. 왜냐고? 내가 사람들과 어울리는 걸 좋아하기 때문이고, 그런 나를 위해 아내가 늘 애써 주기 때문이다.

작년까지 나는 추수감사절 당일인 목요일 하루만 쉬었다. 명절 전후로 쉬는 동료가 많아서 나는 회사에 나가 일을 한 것이다. 감사절 주의 수요일과 금요일에는 거래가 거의 없지만, 아주 가끔 놓쳐서는 안 될 매입 기회를 대비해 애널리스트 몇 명은 자리를 지킨다. 그런데 올해는 나도 감사절 전후를 쉬기로 했다. 내가 책임진 분야의 채권이 이미 가치가 너무 올라 매입 기회가 없을 거라 확신했기 때문이다. 덕분에 모처럼 가족과 5일 연휴를 즐길 수 있었다.

그렇다고 연휴 내내 손놓고 있을 수는 없었다. 애널리스트라는 직업상 늘 뉴스에 신경을 써야 했다. 그래서 증시 보도와 인터뷰를 계속 읽고 들었다. 남아프리카 공화국에서 발견된 신종 코로나바이러스 변이 때문에 증시가 흔들렸다는 소식이 들려왔다. S&P 500, 다우 존스, 나스닥 지수가 금요일 하루 만에 2% 이상 하락했다는 뉴스에도 큰 걱정이 들지 않았다. '오미크론'이라고 불린 이 변이에 대해 알려진 것이 적어서 증시가 과잉 반응을 한 게 아닐까 생각했을 뿐이었다.

그런데 토요일에 나온 한 인터뷰에 불안해지기 시작했다. 한 증시 전문기자가 이번 오미크론 변이 역시 주가에 큰 타격을 주지 않을 것이라 예측했기 때문이다. 그의 논리는 간단했다. 2020년 초 팬데믹도, 올여름 델타 변이도 증시를 오래 하락시키지 못했다는 것. 미국 소비자들이 여전히 활발히 소비하고 실업률도 낮기 때문에 증시가 침체하지 않을 것이라고도 했다. 나처럼 오미크론 변이의 영향을 심각하게 보지 않는 의견이었다. 하지만 이상하게도 나에겐 이 인터뷰가 불편했다.

이런 말이 있다. "당연하다고 여기는 것이 가장 위험하다." 2020년 3월부터 미국 증시는 탄탄하게 유지돼 왔다. 주가 하락은 단 며칠뿐, 조금만 버티면 다시 상승세로 돌아섰다. 그래서 그해 봄 이후 주식 투자를 시작한 사람들에겐 주가가 오르는 일이 당연했다. 심지어 나조차도 그런 생각을 했다. 주가와 관련 있는 회사채를 분석하고 매입 또는 매각을 결정하는 애널리스트로서, 높은 주식 가치와 낮은 회사채 이자율이 보이면 긴장 모드에 돌입해야 하는데, 그런 나조차 이를 당연하게 여긴 것이다.

세상에 당연한 건 없다. 2020년 초 팬데믹도, 올여름 델타 변이도 증시를 오래 하락시키지 못했지만, 그렇다고 이번에도 그럴 거라 장담할 수는 없다. 미국 소비자들이 활발히 소비하고 실업률이 낮다 해도, 예상치 못한 변수 하나가 언제든 판을 흔들 수 있다. 마찬가지로 아내가 늘 큰 명절 모임을 준비해 줄 거라 기대하는 것도 당연하지 않다. 그래서 다음엔 소규모 모임을 하자는 아내의 말도 예전처럼 흘려듣지 않았다. 어쩌면 이번 크리스마스는 증시를 대하듯 조금 긴장 모드로 들어가는 게 맞을지 모른다. 아내에게도 조심스럽게 말을 꺼내야겠다. 3주 뒤 있을 크리스마스 파티 규모를 줄이는 게 어떻겠냐고.

2021.12.04.

손녀 이름 잊은
아버지에게 이 약이
'작은 희망'이 될까

며칠 전, 올해 아흔한 살이 된 나의 미국인 아버지 데이비드 오메셔에게서 전화가 왔다. 그는 1964년 매입한 뉴저지의 작은 집에서 열일곱 살 고양이 엘시와 함께 살고 있다. 15년 전 미국인 어머니가 세상을 떠난 뒤에도 줄곧.

아버지는 오래전에 내가 설치해 드린 컴퓨터가 갑자기 고장이 난 것 같다며 도움을 요청했다. 컴퓨터가 시작 화면에서 멈춘 지 한 시간이 지났는데 버튼을 눌러도 아무 반응이 없고, 전원도 꺼지지 않는다는 것이다. 심지어 전기 코드를 뽑았는데도 화면이 그대로라고 했다. 나는 차분히, 그 컴퓨터가 랩톱이라는 사실을 설명드렸다. 그제야 아버지는 전기 코드를 뽑아도 컴퓨터가 꺼지지 않은 이유를 기억해 냈다. 랩톱에는 배터리가 있기 때문이다.

같은 날 저녁에는 장인어른이 아내 그레이스에게 도움을 요청했다. 잘 쓰던 아이폰의 글자가 갑자기 커지면서 자주 쓰던 앱이 사라졌다는 것이다. 아내는 밑도 끝도 없는 장인의 말을 최대한 이해하려 애쓰며, 직접 인터넷을 검색해 해결책을 찾아 알려 주었다. 장인어른은 올해 여든네 살이다.

언제부턴가 우리 부모님의 기억력이 전과 같지 않다는 생각이 들기 시작했다. 5분 전에 물은 것을 다시 묻고, 전화한 지 하루도 지나지 않았는데 왜 자주 연락하지 않느냐고 불평하기도 한다. 손녀의 이름을 기억하지 못하고, 한 시간 전에 드신 점심 식사가 무엇이었는지 잊어버리기도 한다.

그러나 이런 기억 상실은 사실 대단한 일도 아니다. 80대, 90대 노인치고는 아직 정정한 편이기 때문이다. 특히 장인어른은 얼마 전 넘어져 응급실에 실려 갔는데, 회복 속도가 젊은이보다 빠르다는 의사의 칭찬도 들었다고 했다.

내 주변에는 훨씬 심각한 알츠하이머 증상을 앓는 부모님을 모시는 지인들이 많다. 어떤 이는 자꾸 집을 나가려는 할머니를 가족들이 교대로 24시간 지켜야 한다. 밖으로 나가

기만 하면 길을 잃기 때문이다. 또 다른 집은 큰 화재로 이어질까 걱정돼 음식을 만들지 못하게 하지만, 어머니는 고집을 꺾지 않는다. 평생 온화했던 할아버지가 최근 들어 난폭해져 가족들이 고생하는 집도 있다.

알츠하이머병은 많은 사람을 힘들게 하는 병이다. '끔찍하다'는 말이 일상이 된다. 노인을 집에 모시자니 가족들이 힘들고, 요양원에 모시자니 죄책감이 따른다. 한 친구는 10년째 요양원에서 지내는 어머니가 자신을 알아보지 못한 지 너무 오래되었다며, 자신도 언젠가 그렇게 될까 두렵다고 했다.

미국에는 약 600만 명의 알츠하이머병 환자가 있다고 한다. 증상의 진행을 늦추거나 일시적으로 호전시키는 약은 있지만, 병 자체를 고치는 치료제는 아직 없다.

그런데 지난 6월 7일, 환자와 가족들에게 작은 희망이 될 만한 소식이 전해졌다. 바이오젠사가 개발한 알츠하이머병 치료제 '아두헴(Aduhelm)'을 미국 식품의약국(FDA)이 승인한 것이다. 이 뉴스를 들은 나는 크게 놀랐다. '아두카누맙'이라는 성분명으로 알려진 아두헴이 승인될 거라곤 전혀 예상하지 못했기 때문이다. 그 이유는 다음과 같다.

첫째, 2019년 바이오젠은 아두카누맙의 제3차 임상시험을 스스로 중단했다. 결과가 좋지 않아서다. 그런데 얼마 뒤 시험 자료를 다시 검토하더니, 복용량이 많았을 때는 효과가 있었다며 말을 바꿨다. 실패를 인정한 약을 다시 홍보하면서 이 회사는 신뢰를 잃었다고 본다.

둘째, 전문가들이 여전히 약의 효과를 의심한다. 아두카누맙이 뇌의 신경세포에 달라붙는 '아밀로이드 베타 플라크'를 줄여 주기는 하지만, 그렇다고 알츠하이머병을 치료한다는 의미는 아니다. 사실 알츠하이머의 원인이 아밀로이드 베타 플라크라는 가설 자체가 이미 신빙성을 잃고 있다. 기억력이나 인지력이 정상인 사람들에게도 알츠하이머 환자와 같은 아밀로이드가 발견되고, 또 치료를 통해 아밀로이드를 줄였는데도 증상이 나아지지 않은 사례가 많았기 때문이다.

마지막으로 2020년 11월, FDA의 외부 자문위원회가 아두카누맙 승인을 반대했다. 위원 11명 중 10명이 반대했고, 1명은 판단을 유보했다. 결국 승인을 지지한 전문가는 한 명도 없었다. FDA가 자문위원회의 의견을 반드시 따라야 하는 것은 아니지만, 이렇게 압도적으로 반대 의견을 무시한 사례는 거의 없다고 한다.

FDA 결정에 대한 비판은 이것 말고도 많다. FDA는 바이오젠에 새로운 임상시험을 요구하면서도, 효과가 불확실한 이 약을 5년간 판매할 수 있도록 승인했다. 게다가 바이오젠이 1년 약값을 5만 6000달러(6300여만 원)라는 고액으로 책정했다. 이 또한 이해하기 어려운 부분이다.

그때 문득 머릿속을 스치는 생각이 있었다. 알츠하이머 환자를 보살펴야 하는 가족들, 그리고 언젠가 자신도 환자가 될까 두려워하는 이들의 마음이다. 절망적인 상황에서 '0%'와 '5%' 중 하나를 선택해야 한다면, 나 역시 망설이지 않고 후자를 택할 것이다. 0%는 아무 희망도 없는 것이지만, 5%에는 작은 가능성이라도 있기 때문이다.

누가 알겠는가? 아두헴이 큰 효과가 없더라도, 이 약이 유통되는 과정에서 알츠하이머에 대한 과학적 이해가 한 걸음 더 나아갈 수 있을지. 비록 약효를 온전히 믿기는 어렵지만, 아두헴을 계기로 환자와 가족들에게 자그마한 '소망'이 싹 트기를 바란다.

2021.06.19.

스마트 총과 전세 사기

 지난주 토요일, 아들이 다니는 크리스천 학교에서 이메일이 왔다. 고등학교 캠퍼스뿐 아니라 초등학교와 중학교에도 이번 주부터 무장 경찰관이 배치된다는 소식이었다. 이 조용하고, 경치 아름답고, 살기 좋은 북뉴저지의 한 크리스천 학교에서 학생, 교직원, 학부모들을 보호하기 위해 무장 경찰을 고용하기로 결정한 것이다.

 지난 3월 미국 테네시주 내슈빌에서 일어난 총기 사건 이후 심각한 논의 끝에 내린 결정이었다. 크리스천 초등학교인 커버넌트 스쿨에서 총격으로 아홉 살 어린이 세 명과 어른 세 명이 목숨을 잃었다. 한국에서는 좀처럼 상상하기 어려운 일일 것이다. 지방의 초·중·고등학교에서 총으로 무장한 경찰이 하루 종일 순찰을 해야 하는 현실 말이다.

나는 미국에서 거의 41년을 살았고, 시민권을 얻은 지도 19년이 됐다. 그러나 미국 총기 문화에 대해서는 늘 비관적이었다. 누구나, 어디서나, 언제나 총탄에 맞아 다치거나 죽을 가능성이 있다는 것, 이는 미국에 사는 사람들뿐 아니라 미국을 방문하는 모든 이들이 지불해야 하는 '또 하나의 세금'이라고 생각한다. 지역에 따라 위험이 낮을 수는 있겠지만, 누구도 총기 폭력으로부터 자신이나 가족을 완벽히 지킬 수는 없다. 미국에서 총기 소지 권리는 다른 법적 권리보다 훨씬 절대적이다. 예를 들어 2022년 6월 대법원은 여성이 낙태할 수 있는 권리를 위헌으로 판결했는데, 낙태권은 50년 전 미 대법원의 '로 대 웨이드(Roe vs. Wade)' 판결에 따라 주어졌기 때문에 이를 뒤집는 일이 가능했다. 하지만 총기 소지 권리는 무려 1791년 미연방 헌법에 추가된 '권리장전(The Bill of Rights)'에 포함된 권리다.

새로운 법으로 상황을 바꿀 수 있으리라는 희망은 오래전에 접었다. 2012년 12월 14일, 코네티컷주 뉴타운의 샌디 훅 초등학교에서 어린이 스무 명과 어른 여섯 명이 살해됐다. 이 사건으로 개정을 요구하는 목소리가 커졌지만, 의미 있는 변화는 없었다. 그 많은 어린아이의 희생에도 법이 바뀌지 않는 것을 보면서 정치 지도자들의 결단력으로나 법으로 해결할 수 있으리라는 희망이 사라졌다.

앞을 보지 못하는 나에게도 총기를 구매하고 소지할 권리를 보장해 주는 주가 있다고 한다. 심지어는 시각장애인인 내가 혼자 총을 가지고 사냥할 권리까지 보호한다는 주도 있다고 한다. 시각장애 때문에 헌법적 권리를 빼앗을 수 없다는 절대적 신념에서 비롯된 난센스일 것이다.

그러던 중 모처럼 희망적인 뉴스를 접했다. 총 주인이나 등록된 사용자만 발사할 수 있는 '스마트 총'에 대한 뉴스였다. 이 아이디어는 오래전부터 있었고, 1990년대에 미연방 정부는 총기 폭력을 줄이기 위해 스마트 총 기술 개발에 투자하기도 했단다. 2000년에는 스미스앤드웨슨사가 지문 센서를 통해 주인을 인식하는 총을 개발했다고 발표했다. 독일 회사 아마틱스는 2014년 iP1이라는 스마트 총을 개발했는데, 사용자가 착용한 손목시계를 통해 발사가 가능한 권총이었다. 그 외에도 손가락 반지, 총을 잡는 손 모양, RFID(무선 인식 전자 태그) 기술을 활용한 여러 프로토타입이 개발됐지만 성공하지는 못했다. 정부가 스마트 총 기술 사용을 명령할 수 있다는 반대 주장, 긴급 상황에서 즉시 발사할 수 없을지도 모른다는 불안, 그리고 총기 권리 지지자들의 보이콧 등이 스마트 총 보급을 막았기 때문이다.

그러나 콜로라도주의 스타트업 바이오파이어(Biofire)가 최근 다시 주목을 받고 있다. 대표인 카이 클로퍼(Kai Kloepfer)는 올해 스물여섯 살이다. 그는 열다섯 살 때 집 근처에서 일어난 총기 사건을 계기로 스마트 총 연구를 시작했다. 2012년 콜로라도 오로라시의 한 영화관에서 총격으로 12명이 목숨을 잃은 사건이다. 클로퍼는 자신이 만든 스마트 총 모델로 국제 과학 경시대회에서 상을 받고, MIT에 합격하며 주목을 받았다. 많은 천재들이 그랬듯이 그는 대학을 중퇴하고 바이오파이어를 세웠다. 3000만 달러의 벤처 펀딩을 받은 그의 회사에는 50명의 직원이 일하고 있는데, 최근 사용자가 집어 드는 순간 발사 제한이 풀리는 총을 개발해 곧 판매를 시작한다고 발표했다. 지문 센서와 얼굴 인식 기술을 통해 평소에는 잠겨 있는 총을 해제하는 방식이다. 이는 아이가 부모의 총으로 형제나 친구, 선생님 등을 해치는 비극이나, 훔친 총으로 살인이 벌어지는 비극을 막아줄 수 있다. 총기 소지 권리를 줄이려는 노력에 반대해 온 이들도 이 같은 해결책에 계속 반대할 수만은 없을 거라고 본다. 그러다 보면 언젠가는, 매년 4만 5000명 이상(2020년 기준)이 목숨을 잃는 총기 문화도 바뀌기 시작하지 않을까?

  문화에는 어쩔 수 없는 측면도 있다. 한국의 경우, 소비자 사기 범죄를 막기 위한 시스템이 지나치게(?) 잘 짜여 있어 외국인인 나나 아내는 음식 배달 앱이나 차량 호출 앱을 자유롭게 쓰지 못한다. 우리 이름으로 모바일 계좌를 만들 수 없기 때문이다. 모든 것을 모바일 인증으로 처리하는 한국 문화가 소수 방문객에게는 불편을 주는 셈이다. 물론 이건 큰 문제가 되지 않는다. 그러나 치킨 배달 같은 사소한 사기를 막기 위해 그렇게 철저한 시스템을 만든 나라에서, 전세 사기가 이렇게 쉽게 이뤄진다는 사실은 좀처럼 납득하기가 어렵다. 총기 문제에 스마트 총 같은 기술과 제도가 필요하듯, 전세 사기에도 마찬가지다. 기술 개발과 정책 설계가 뒷받침된다면 피해를 훨씬 줄일 수 있을 것이다.

2023.04.29.

나의
'인생 선생님'들

지난 일요일이었다. 나와 아내는 2주간의 한국 방문을 마치고 미국으로 돌아오기 위해 인천공항에서 뉴욕행 비행편을 기다리고 있었다. 아내가 화장실에 다녀오겠다며, 앉을 자리가 없으니 잠시 서서 기다리라고 했다. 여자 화장실과는 거리가 좀 있는 곳에서 나는 아내를 기다렸다. 그때 한 젊은 여성이 내게 다가와 탑승권을 보여 달라고 말했다. 아내에게 그런 것들을 다 맡기곤 했던 터라 나에겐 탑승권이 없었다. 내가 머뭇거리자 그녀는 이곳은 비즈니스 클래스 승객 대기 공간이라며, 비즈니스 탑승권이 없다면 나가 달라고 했다. 흰 지팡이도 없는 시각장애인에게 다른 곳으로 가라는 말을 들으니 순간적으로 말문이 막혔다.

그 경험은 이번 한국 방문 중에 겪었던 또 다른 특별한 기억과 겹쳐 떠올랐다. 40여 년 만에 처음으로 장애인의 날(4월 20일)을 한국에서 보내며 옛 은사님들을 찾아뵌 일이었다. 오래전 나를 가르쳐 주었던 서울맹학교의 은사님들과 점심 식사를 했고, 또 이틀 후에는 초등학교 동창들과 식사를 했다. 마치 어린 시절 고향에 다녀온 듯한 느낌이었다. 그들은 영웅이었다. 장애인들이 살기에 어려움이 많은 사회에서 누구보다 꿋꿋하게 살아왔으니 말이다.

장애인의 날에 만난 박찬승 선생님은 내게 점자를 가르쳐 준 분이다. 유일하게 점자를 아는 정안자 선생님이었다. 그런데 박 선생님은 점자보다 더 소중한 것을 가르쳐 주었다. 내가 6학년 때 선생님은 방과 후에 우리를 붙잡아 두고 점자를 더 빨리 읽는 훈련을 시켰던 것이다. 왼손 검지로만 읽던 버릇을 고치고, 두 손, 더 많은 손가락을 이용해 점자를 읽으라고 했다. 이유는 단순했다. 정안자들이 글을 읽는 속도와 비슷하게 점자를 읽어야 그들과 경쟁하며 살 수 있기 때문이었다. 나는 점자를 빨리 읽는 법을 넘어서, 곧 일반 사회에서 정안자들과 경쟁해야 한다는 사실을 알게 되었고, 이를 위해 마음의 준비와 연습이 필요하다는 것을 배웠다.

같은 날 또 다른 은사님도 만났다. 손순화 선생님은 4학년 담임 선생님이었는데, 내가 가장 존경하는 분이다. 한때 한빛맹학교 교장을 지냈던 조재훈 선생님의 아내이기도 하다. 장애인에 대한 편견이 훨씬 더 심하고 노골적이었던 그 시절, 대학 진학조차 어려웠던 시절에 두 분 모두 공부로 교사가 되었고, 아들딸을 낳아 당당하게 살았다. 장애가 결코 불행을 가져다주는 운명이 아님을 몸소 보여 준 분들이었다. 더구나 조 선생님은 훌륭한 침술로 아픈 이들을 치료했을 뿐 아니라 글을 쓰고 책을 낸 작가이기도 했다.

마지막으로, 김태용 선생님은 나의 은인이다. 소질도 없는 내게 거의 6년 동안 피아노를 가르쳐 주었고, 미국 유학이라는 기회까지 열어 주었다. 그리고 그날 만남에서 내게 가장 큰 감동을 준 분은 김태용 선생님과 함께 나오신 최정희 사모님이었다. 나는 사모님을 아홉 살 때, 1976년 10월 11일, 내가 첫 피아노 레슨을 받던 날 처음 뵈었다. 갓난 딸이 있었고 위로는 아들도 있는 선생님 댁에서 나는 처음 피아노를 치고 점자 악보를 배웠다. 부모님 외에 내가 가장 가까이에서 자주 지켜본 부부였고, 어쩌면 나의 부부 생활의 지침이 된 분들일지도 모른다.

 '배필'이라는 단어가 요즘 세상에 어울릴지 모르겠다. 그러나 사모님이 뇌졸중으로 거동이 불편해진 선생님을 정성껏 모시는 모습을 보며 나는 어린 시절 기억을 떠올렸다. 어머니가 음식을 들고 가면 늘 선생님께 먼저 드리던 사모님의 모습. 제자들에게 밥 먹고 가라며 따뜻하게 대해 주시던 모습, 과외 금지 정책으로 피아노 레슨이 마지막이 되었던 날 푸짐하게 차려 주었던 저녁 밥상까지, 40여 년이 지난 지금 두 분의 다정한 모습 속에서, 사는 것이 이런 것이구나 하는 생각이 들었다. 배필이란 서로의 부족함을 감싸고, 위해 주며, 의지하고 살아가는 것이 아닐까.

 돌아보면 한국은 여전히 장애인과 비장애인이 분리된 생활을 하는 것 같다. 사실 한국의 시각장애인들은 부러울 만큼 많은 서비스를 받고 있다. 일상생활을 돕는 활동 지원 서비스, 직장 일을 돕는 근로 지원 서비스, 안내견과 복지콜, 바우처 콜택시 같은 이동 지원 서비스 덕분에 삶은 옛날보다 한결 쉬워졌다. 그러나 생활은 편해졌어도 직업의 선택지는 여전히 매우 제한적이다. 일반 학교에 시각장애인 교사들이 생기기 시작했고, 동 주민센터에서 일하는 공무원도 있다고 한다. 하지만 여전히 영리 기업에 고용되는 시각장애인은 극히 드물다. 스크린 리더 같은 기기로 충분히 사무직을 할 수 있는 세상이 왔는데도 이 장벽을 넘은 고용주와 장애인은 아직 드물다. 안타까운 일이다.

  사회 곳곳에는 숨은 영웅이 많다. 다만 드러나지 않을 뿐이다. 장애인 제자들을 가르쳐 세상으로 내보낸 선생님들, 제한된 직업 속에서도 희망을 잃지 않고 꿋꿋하게 살아가는 친구들, 50년 가까이 존경과 사랑으로 시각장애인 남편과 동행해 온 배우자 등등. 심지어 공항에서 나를 다른 공간으로 안내했던 항공사 직원조차도, 불편했지만 한편으로는 내가 스스로 움직일 수 있다고 본 점에서 작은 영웅일지도 모르겠다. 서로를 온전한 인격체로 존중하는 미래를 꿈꾸어 본다.

2022.04.30.

3장

'올인'하는 사회에서 살아남는 법

모두가 즐거워하는 '파티'에서 질문하기, "만일 내가 틀렸다면?"

 증시 상황과 경제 환경을 걱정하는 주위 사람들에게 나는 이렇게 말하곤 한다. 투자 계좌 잔액을 너무 자주 확인하지 말라고. 운동을 열심히 하라든지, 건강한 식생활을 위해 노력하라는 조언은 흘려들을 때도 많지만, 계좌는 아주 가끔만 확인하라는 말만큼은 내가 잘 지키는 삶의 지혜다.

 동료나 동창이 돈을 얼마나 버는지 알아서 좋을 것 없듯이, 내 포트폴리오의 가치가 지금 당장 얼마인지 확인하는 것도 별로 유익하지 않다. 내 포트폴리오를 채우고 있는 것들은 매각해야 비로소 현찰이 되는 증권들이기 때문이다.

매일 계좌를 확인한다고 해도, 순간적으로 올라간 잔액에 기분이 잠시 좋아지거나, 내려간 잔액 때문에 훨씬 오랫동안 기분이 나빠질 수 있다. 계속된 하락을 보며 느끼는 정신적 고통을 이기지 못해, 결국 모든 것을 팔아 버리고 계좌 자체를 없애는 결정을 내릴 수도 있다.

투자는 좋은 것이다. 내가 일하는 분야를 홍보하려는 말이 아니다. 설령 내가 다른 일을 하더라도, 예를 들어 전업 작가라고 해도 투자는 했을 것이다. 누구나 약간의 지식과 판단력, 그리고 인내하고 참을 수 있는 능력만 있다면 돈을 벌 수 있다. 물론 운도 따라야 하겠지만, 투자를 오래 하다 보면 사자마자 하락하는 일보다는, 오랫동안 붙잡고 있었던 덕에 큰돈을 벌게 된다는 사실을 알게 된다. 물론 이윤이나 경쟁력 등은 무시한 채 일시적인 인기나 성장 측정 따위만으로 기업을 선택하지 않았다는 전제하에 하는 말이다.

투자도 삶처럼 장기적인 게임이자 선택이다. 그런데 이 게임을 잘 해내고, 내게 지극히 유리한 선택을 하기 위해 잊지 말아야 할 것이 하나 있다. 이른바 the WIIW. "왓 이프 아임 롱(What If I'm Wrong, 만일 내가 틀렸다면?)"이라는 질문이다.

2021년 7월, 나는 굉장한 영향력을 가진 한 경제 유튜브 채널에 출연했다. 증권, 부동산, 경제에 초점을 둔 채널이지만, 현역 월가 애널리스트가 출연한 것은 처음이라고 했다. 나의 어눌한 한국어 때문이었을까, 아니면 내가 한 말 때문이었을까. 두 개의 파트로 제작된 인터뷰는 첫 번째 파트만 방송되었다. 아마도 인기가 없어서 두 번째 파트를 생략했던 모양이다. 근래 다시 그 인터뷰를 들어 보니, 왜 인기를 얻지 못했는지 알 것도 같았다. 말투도 말투였지만, 결국 내가 전하려 했던 메시지 때문이지 않았을까 싶었다.

그때 나는 몇 가지 소신을 공유했었다. 우선, 투자로 돈을 벌기 위해서는 시장에서 거래되는 가격보다 내 판단에 따른 가치가 높을 때 주식을 사야 한다는 아주 당연한 얘기였다. 즉, 분석과 계산에 따른 판단으로는 주당 적어도 15만 원은 해야 하는 주식이 시장에서 11~12만 원에 거래되고 있다면 그 주식을 사야 한다는 말이었다. 다만 2021년 7월을 기준으로 거의 1년간 그렇게 싸게 거래되는 증권이 드물었다는 점도 덧붙였다. 모든 것이 너무 비싸서 살 만한 주식이 매우 드물다는 내 의견이 인기를 얻을 리 없었다. 돌아보면, 그 무렵 한국 코스피 지수는 최고치인 3,300대를 기록했고, 이후 3분의 1 정도의 가치가 사라졌다. 미국 S&P 500 지수는 그때부터 약 6개월간 10% 더 올라갔지만, 올 초부터 하락을 시작해 5분의 1 정도의 가치가 빠졌다.

그 유튜버와 내가 꽤 오랜 시간 나누었던 주제는 인플레이션에 대해서였다. 당시 막 상승세를 타던 인플레이션의 위협은 2020년 시작된 팬데믹이나 2007~2009년 세계 금융 위기보다 더 심각한 경제 문제가 될 수도 있다고 생각했다. 인터뷰 직전, 미국소비자물가지수(CPI)가 5%에 도달했으며, 인플레이션이 미국 연방준비제도의 목표 수치인 2%를 오랫동안 크게 웃돌 수 있다는 우려를 내려놓을 수 없었다. 물론 1년 후 미국 물가지수가 9.1%까지, 유럽과 영국이 10% 이상 오를 것까지는 예상하지 못했다. 다만 뚜렷한 상승세를 보이던 인플레이션을 팬데믹으로 인한 일시적 현상이라던 전문가들의 말은 받아들이기가 어려웠다.

또 내가 그 채널의 시청자들에게 한 말이 있었다. 언젠가는 연준이 시장 지원을 위한 채권 매입을 멈추고 쌓아 온 증권을 시장에 매각할 것이며, 금리도 올리기 시작할 것이라는 말이었다. 그리고 인플레이션이 소비자들과 기업, 나라에 끼치는 피해를 줄이기 위해 금리를 지속적으로 인상할 수밖에 없을지도 모른다고도 했다. 물론 당시 내가 미래를 내다볼 수정 구슬을 가진 것도 아니었으니, 2022년 3월부터 연준이 금리를 빠른 속도로, 또 큰 폭으로 올리리라고는 예상할 수 없었다. 그러나 미국 정부가 경제와 채권 시장에 오랫동안 풀어놓은 막대한 자금이 결국 인플레이션이란 문제로 되돌아와 경제와 증시를 위협하리라는 계산은 어려운 일이 아니었다. 결국 내 인터뷰의 두 번째 편을 내보내지 않은 것은, 제작팀 입장에서 보면 당연한 결정이었는지도 모른다. 모두가 즐거워하는 파티에서 우울한 얼굴로 투자 자제를 권하는 영상이 인기를 얻을 리 없다.

듣고 싶은 것만 듣고, 거슬리는 아이디어는 외면하고 싶은 건 인간의 본능인지도 모른다. 그러나 가족의 경제적 안위가 걸린 투자 결정을 내릴 때만큼은, 자신의 생각에 치명적인 결함이 있다는 말을 해 주는 이의 의견에도 귀 기울일 수 있어야 한다. 특히 투자에 몰두하는 일은 사랑에 빠지는 것과 비슷해서, WIIW 시그널, 즉 '만일 내가 틀렸다면?'이라는 신호에 늘 주의를 기울여야 한다. 워런 버핏의 말대로, 투자에는 두 가지 규칙이 있으니까.

규칙 1: 돈을 잃지 말라.
규칙 2: 규칙 1을 잊지 말라.

2022.10.08.

'올인'하는 사회에서 살아남는 법

아무래도 증권 분석은 내 천직인가 보다. 기업 분석을 통해 세상 돌아가는 것을 보는 일이 그렇게 재밌을 수가 없다. 기업을 통해 사회의 움직임을 보고, 인간의 창의력에 감탄하며, 야망이 가져다주는 큰 성공과 더 큰 실패를 목격한다. 투자 이윤과 월급은 그에 따라오는 부수적인 혜택일 뿐이다. 그런데 요즘 투자에 '올인'하는 많은 이들은 너무 큰 희망을 거는 것 같다. '영끌' 투자? 적어도 나에게는 있을 수 없는 일이다.

46년 전, 고작 여덟 살이던 나는 "앞을 볼 수 있는 날이 얼마 남지 않았다."는 말을 들었다. 나의 실명을 막기 위해 애썼던 의사는 그해 봄에 받은 망막박리 수술이 실패하자, 더 이상 시력을 지킬 방법이 없다고 확신했다. 점자와 독립 훈련을 포함한 특수 교육에 관한 조언에서 부모님은 한 줄기 희망을 느꼈을지도 모르겠다. 하지만 나는 가슴이 꽉 막히는 것 같았다. 불과 며칠 뒤 앞을 볼 수 없게 될 텐데, 얼마나 답답할까? 뛰어놀기는커녕 주위에서 벌어지는 일을 볼 수 없게 된다니. 정말, 얼마나 답답할까?

꽤 오랫동안 실의에 빠졌다. 점자로 인쇄된 책이 많지 않다는 사실을 알았을 때, '이제는 독서를 마음껏 할 수 없겠구나.' 하는 생각도 들었다. 점자를 아무리 빨리 읽어도 눈으로 읽는 것보다 느렸다. 읽는 것만으로는 지식과 공감의 세계에 다가가기엔 높은 장벽이 있다는 점도 알게 됐다. 게다가 당시 시각장애인이 다닐 수 있는 고등학교는 대부분 실업계였기 때문에 대학 진학의 가능성이 매우 낮았다. 배움의 기회마저 내게는 분명한 한계가 있었다.

그러던 중 공부와 무관한 것에 관심을 두게 되고, 세상을 보는 나의 시야도 조금씩 넓어지기 시작했다. 그것이 바로 주식 투자였다. 인터넷을 통해 얻을 수 있는 자료 중에는 '주가 데이터'라는 것이 있었다. 나는 매일 몇 개의 데이터 파일을 다운로드해서 점자 정보 단말기로 읽었다. 특히 눈여겨

본 자료는 '52주 최저 주가 리스트'였다. 지난 1년간 주가가 최저치를 기록한 회사들을 나열한 목록이었다.

'아, 바로 이거구나.' 나는 거기서 투자 아이디어를 찾기 시작했다. 주가가 이렇게 떨어진 이유가 무엇일까? 기업에 어떤 문제가 있는 걸까? 같은 업계의 회사들이 모두 어려움을 겪고 있는 걸까? 경영진의 실수로 큰 손실을 본 건 아닐까? 이런 질문들을 던지며 투자할 만한 기업을 찾았다. 결국 나의 진로는 증권 애널리스트로 바뀌었다.

세상에는 참으로 독특한 일을 하는 기업들이 많다. 대형 제약 회사의 임상 연구를 대행하는 회사, 의사나 간호사 같은 의료 인력을 제공하는 회사도 있다. 여성 건강에만 집중하는 제약 회사도 있고, 대마초 추출 성분으로 미국식품의약국(FDA) 승인을 받은 약을 개발하여 판매하는 회사도 있다. 코카콜라 같은 음료를 병이나 캔에 담는 일만 전문으로 하는 회사도 있고, 도리토스 같은 과자의 맛이나 다양한 향을 개발해 상품 회사에 제공하는 기업도 있다.

나는 기업 분석이라는 프리즘으로 세상을 본다. 이 프리즘만 있으면 세상의 여러 빛깔을 모두 볼 수 있다. 소비자의 욕구 변화도 알게 된다. 시각장애인으로서 느끼는 답답함도 풀리고, 일하는 즐거움도 커진다. 그러다 보면 가끔, 놓치면 안 되는 투자 기회도 찾아온다. 정말 아주 가끔!

'내가 마음만 먹으면, 자금만 있다면 큰돈을 벌 수 있을 텐데.' 많은 이들이 이렇게 생각한다. 그리고 증권 계좌를 열자마자 가장 인기 있는 종목을 매입한다. 매일, 아니 매시간 주가를 확인하며 다음 거래를 고민한다. 나도 그런 방식으로 투자했던 적이 있다. 처음엔 그랬다. 아주 위험한 옵션 트레이딩(주식 매매 권리인 옵션을 단기간에 사고팔아 수익을 내는 방식)도 해 본 적이 있다. 나에게는 반드시 운이 따라 줄 거라고 믿으면서.

미국 월가의 회사들은 하나의 투자자에만 관심을 두지 않는다. 분기마다 전체적인 동향을 보고 결정을 내린다. 마침 내가 2년 넘게 주목하던 T사가 2분기 실적을 발표했다. T사 역시 무척 독특한 회사다. 의료보험 회사도 아니고, 헬스클럽을 소유하거나 운영하지도 않는다. 대신 보험사로부터 돈을 받아, 보험 고객에게 무료 헬스클럽 멤버십을 제공한다. 운동을 꾸준히 하면 의료비가 줄어들 테니, 보험사들은 기꺼이 T사의 고객이 되려 한다. 흔히 말하는 캐시카우(Cash Cow, 현금원)였다.

실망스러운 일도 있었다. T사는 2019년 초, 큰 빚을 떠안으면서까지 다이어트 식품 회사를 인수했다. 그러나 이 합병은 예상보다 훨씬 저조한 성과를 냈고, 주가는 하락세를 타기 시작했다. 합병을 추진했던 경영진은 대부분 해고되었고, 주가는 바닥을 쳤다. 게다가 2020년 3월부터는 코로나 팬데믹으로 헬스클럽들이 모두 문을 닫지 않았나. T사의 주가는 10분의 1 토막이 나고 말았다.

하지만 모든 시련에는 반전이 있는 법. 새로 고용된 경영진이 다이어트 회사를 매각하며 본래의 캐시카우에 집중하기 시작했다. 8월 초 발표된 실적에 따르면 그들의 캐시카우는 다시 성장을 시작했다. 이제 안도의 한숨을 쉴 수 있었다. 긴장과 기쁨의 반복, 이런 것이 투자에서 얻는 즐거움이다. T사의 이야기를 통해 나는 꾸준히, 그리고 자신에 대한 믿음을 갖고 투자하라는 교훈을 다시 한번 얻는다.

2021.08.14.

베테랑 펀드매니저
빌 황은 왜 수조 원을 잃었나

우리 가족은 매년 크리스마스를 앞두고 가족사진을 찍는다. 아내 그레이스가 그루폰(Groupon)이란 인터넷 사이트에서 20달러짜리 촬영 쿠폰을 매번 사기 때문이다. 그렇게 적은 돈을 내고 스튜디오에 가서 찍은 사진으로 크리스마스카드를 만들고, 더 크게 인쇄한 사진은 집 곳곳에 걸어 놓는다.

그런데 나는 또 다른 이유로 그루폰을 좋아한다. 몇 년 전, 그루폰 풋옵션(Put Option)을 매입해 며칠 만에 수천 달러를 벌었기 때문이다. 아무리 봐도 그루폰의 주식이 너무 비싼 것 같아, 나는 주가가 내려갈수록 가치가 올라가는 풋옵션을 샀다. 그리고 실제로 며칠 만에 주가가 내려갔다. 너무 기분이 좋았던 나는 뉴욕의 유명한 스테이크 집에 팀 동료 아홉 명을 데리고 가서 회식을 시켜 주었다.("여보, 미안. 내가 그 얘기는 안 했지?")

그동안 내가 아내에게 숨겨 왔던 비밀까지 밝히면서 이 말을 꺼낸 이유가 있다. 증권 분야에는 일반 투자자들에게 낯선 투자 테크닉이 많다. 내가 팀원들에게 스테이크를 사줄 수 있었던 풋옵션은, 그루폰사 주식을 마감일에 정해진 가격(예를 들어 주당 5달러)에 팔 수 있는 권리를 소유자에게 부여하는 계약이다. 하지만 주가가 마감일 전까지 5달러 밑으로 내려가지 않으면 풋옵션은 소멸해 휴지 조각이 된다. 그래서 옵션을 이용한 투자는 매우 위험하다.

2주 전 금요일 오후, 내 컴퓨터 스크린에 의미심장한 뉴스 헤드라인이 지나갔다. 두 투자 은행이 대규모 주식 매각을 단행했다는 소식이었다. 내가 책임지고 있는 회사가 아니었기에 대수롭지 않게 넘기고, 주말에는 회사 컴퓨터도, 블룸버그 앱도 꺼 둔 채 지냈다. 그래서 월요일이 돼서야 이 사태를 자세히 알게 되었다. 마음 아픈 일이었다. 여기에 연루된 투자자가 한국계 미국인 빌 황이었기 때문이다.

자산운용 업계에 종사하는 사람이라면 누구나 아는 빌

황은 베테랑 펀드매니저였다. 2001년부터 2012년까지 그가 운영했던 타이거아시아매니지먼트는 한때 50억 달러 규모를 운용하는 대형 헤지펀드였다. 불미스러운 사건으로 고객 자산운용 일에서 물러난 그는 자신의 가족 자산만을 운용하는 패밀리 오피스를 설립하고, 이름을 아케고스(Archegos, 선구자)라고 붙였다. 또 어려운 이들을 돕는 '지엔엠글로벌문화재단(Grace and Mercy Foundation)'을 세웠다. 나도 이 재단 사무실을 방문한 적이 있지만, 아쉽게도 빌 황을 직접 만나지는 못했다. 워런 버핏 다음으로 만나고 싶었던 투자자였기에 실망이 적지 않았다.

그런 빌 황에게 큰일이 닥쳤다는 소식을 들었을 때, 나는 무슨 일이 일어났는지 알아보기 위해 뉴스를 뒤졌다. 그러나 기자들이 전하는 보도 내용이 그리 마음에 들지 않았다. 일어난 일에 비해 설명이 너무 단순했고, 그 사태에 엮인 은행들의 피해 규모에만 초점을 맞춘 듯 보였다. 사실 이 일로 돈을 잃은 고객은 단 한 명도 없다. 빌 황과 대형 은행들은 모두 자신들의 전략에 어떤 위험이 있는지 잘 아는 전문 투자자들이다. 안타까운 점은 빌 황의 가족과 직원들, 그리고 그의 자선사업이 도울 수 있었던 많은 이들의 앞날이 불투명해졌다는 사실이다.

그렇다면 과연 빌 황과 은행들은 어떤 전략으로 투자한 걸까? 그들은 총수익 스와프 거래(Total Return Swap, TRS)를 사용했다. 이름 그대로, 서명자들이 각자 동의한 규칙에 따라 돈을 교환하는 계약이다. 예를 들어, 나의 친구 K가 ABC 회사 주식을 사고 싶지만, 경쟁사 XYZ 회사의 직원인지라 직접 매입할 수 없다고 해 보자. 그래서 K가 나에게 부탁한다. 내가 내 돈으로 ABC 주식 1,000주를 주당 10만 원에 사 주고 (총 1억 원), 그 주식이 만들어 내는 모든 수입을 K에게 주는 대신, K는 내가 투자한 금액인 1억 원에 대한 일정 수수료, 예를 들어 1%를 정기적으로 지급하기로 한다. 만약 주가가 5% 오르면, 나는 K에게 1억 원의 5%인 500만 원을 지급하고, 그는 나에게 1억 원의 1% 100만 원을 준다. 반대로 주식이 5% 내려가면, 내가 K에게 주어야 할 돈은 없고, K는 주식의 손실액 500만 원과 수수료 100만 원을 나에게 지급해야 한다.

주가가 오를 때는 문제가 없지만, 내려가기 시작하면 나는 K에게 더 많은 돈을 요구하게 되고, 상황이 심각해지면 K의 채무가 감당할 수 없는 수준까지 불어날 수 있다. 그렇게 되면 나는 손실을 줄이기 위해 ABC 주식을 팔아야 한다.

빌 황이 다른 사람의 눈치를 봐서 이런 계약을 했을 리는 없다. 그가 왜 TRS를 선택했는지는 정확하게 알 수 없지만, 결과적으로 그는 자기 자본보다 훨씬 큰 규모의 주식 수익에 베팅했다. 그러나 불행히도 반대 상황이 터졌다. 손실이 순식간에 불어나면서, 그를 대신해 주식을 매입했던 은행들이 자신들의 손실을 막기 위해 대규모 매각에 나선 것이다.

옵션, 스와프, 선물 등은 파생 금융 상품이라고 불린다. 원래 이것들은 사업이나 투자에서 발생하는 위험을 줄이기 위해 고안되었다. 예를 들어 소고기를 대량으로 사용하는 햄버거 체인점은 비용 안정을 위해 소고기 선물(先物)을 이용한다. 그러나 때때로 이런 상품들이 투자 위험을 더 키우는 방향으로 사용되기도 한다. 나의 그루폰 풋옵션이 휴지 조각이 되었다면 나는 이 옵션을 산 돈만 잃었겠지만, 옵션을 팔거나 선물이나 스와프를 이용했다면 투자금보다 훨씬 큰 손실을 입었을 수도 있다. 그래서 이런 거래는 하지 않는 것이 좋다. 편히 잠들기 위해서, 배우자를 실망시키지 않기 위해서, 그리고 무엇보다 내가 사랑하는 가족의 경제적 안정을 지키기 위해서 말이다.

2021.04.10.

배트맨 티켓 두 장,
팝콘&콜라 라지,
그리고 금 한 돈 주세요!

지난주 배럴당 139.13달러까지 치솟았던 원유 가격이 8일 만에 100달러 밑으로 떨어졌다는 뉴스가 아침을 열었다. 러시아-우크라이나 정전 협상 소식이 증시에 긍정적인 분위기를 더했고, 중국이 락다운을 포함한 엄격한 코로나 방역 정책을 여러 지역에서 시행한다는 뉴스 때문에 원유 수요가 줄어들 거라는 전망도 나왔다. 게다가 이날은 이틀간 진행될 미 연준의 미팅이 시작되는 날이었다. 결국 증시는 그때부터 긍정적인 흐름을 이어 갔고, 0.25% 금리 인상 결정과 올해에 여섯 차례 추가 인상 가능성 발표에도 불구하고 주가는 오랜만에 4일 연속(화요일부터 금요일까지) 상승세를 기록했다. 이 기간 S&P 500은 6.9%, 나스닥은 10.4% 올랐다.

그런데 이런 평균 지수보다 더 좋은 성과를 거둔 한 기업의 주식이 눈길을 끌었다. 2021년 1월부터 소규모 개인 투자자들의 열렬한 지지를 등에 업고 급등한 AMC였다. 대표적 밈 주식으로 알려진 AMC는 단 4일 만에 16.5%가 올랐다. 세계 최대 영화관 체인인 AMC 엔터테인먼트 홀딩스는 지난 14개월 동안 상장 주식 수를 약 1억 주에서 5억 주까지 늘렸음에도 불구하고 주가는 5배 뛰었다. 결국 기업 가치는 밈 주식 열풍 이전보다 약 25배 증가한 것이다. 극장에 직접 와서 영화를 보는 고객 중심의 사업 모델이 영원히 손상됐다는 비관적 전망이 있었지만, 이런 성과는 그 반대의 투자자 심리를 증명한 셈이었다.

그렇다면 지난주 AMC 주식은 왜 평균 지수보다 더 크게 상승했을까? 답은 금과 은에 있었다. AMC의 CEO 아담 아론(Adam Aron)은 3월 15일 화요일 아침 트위터를 통해 2790만 달러를 귀금속 광업 회사인 하이크로프트광업지주회사(Hycroft Mining Holdings, HYMC)에 투자했다고 발표했다. 이로써 AMC는 HYMC 지분의 22%를 확보하게 됐다. 영화관을 운영하는 기업이 금과 은을 채굴하는 기업에 투자한다는 소식에 사람들은 웃거나 의아해했다.

게다가 HYMC는 2020년에 주당 10달러로 상장해 15.82달러까지 올랐으나, 최근에는 0.29달러까지 하락한, 이른바 페니 스톡(Penny Stock, 주당 5달러 미만으로 거래되는 변동성 큰 동전주)이다. 네바다주 광산에 금 1500만 온스, 은 6억 온스의 매장량이 있다고 하지만 실제 사업 실적은 부진했다. 2015년 금 가격 하락으로 파산을 겪었고, 2019년에 채굴을 재개했지만 그 성과는 예측치를 크게 밑도는 수준이었다. 예를 들어 지난해 금 생산량은 5만 온스에 불과했는데, 예상치는 16만 3000온스였다. 그리고 현재 채굴도 중단된 상태다. 결국 HYMC는 투자 대상이라기보다는 투기 대상으로 보는 것이 더욱 타당하다.

전설적인 투자자 피터 린치는 기업이 관련 없는 사업에 주주 자본을 사용하는 것을 '사업다악화(Diworsification)'라고 규정했다. 개인이나 기관이 투자할 때 위험성을 분산시키기 위해 관련성이 낮은 여러 분야에 투자하는 방법을 일컫는 말이다. 경영진이 현재 사업에 집중하기보다는, 관련 없는 분야의 회사를 매입하거나 전문적성 없는 분야에 투자하는 선택을 '다악화', 즉 상황을 악화시키는 전략 아닌 전략으로 본 것이다. 실제로 이런 투자의 실패 사례는 무수히 많았다.

내가 어릴 적 자주 들었던 어른들의 말씀이 있다. 사람은 한 우물을 파야 한다는 것. 사실 나는 이 조언을 몇 번이나 무시했다. 10년이나 공을 들였던 피아노를 그만뒀고, 오래 공부하며 꿈꾸었던 교수의 길도 접었다. 그래서 언젠가 나는 고등학생들에게 오히려 이런 조언도 한 적이 있다. 실패할 것 같은 일은 빨리 그만두는 것이 좋다고. 한 우물을 고집하기보다는 평생 팔 만한 우물, 나를 통해 더 많은 이에게 물을 공급할 수 있는 우물을 찾는 일이 더욱 중요하다고.

하지만 기업은 다르다. 경영진이 '사업다악화'의 유혹에 빠지는 이유는 대개 기존 사업의 성장률이나 이윤율이 감소하거나 매출이 하락하는 추세 때문이다. 영화관 사업처럼 말이다. 이때 연구개발이나 투자 활동으로 불리한 상황을 뒤집지 못한다면, 기업이 남긴 이윤을 주주들에게 배당금으로 나눠 주거나, 자사주를 매입해 주당 이익을 높이는 것이 옳다. 겉보기에 지루하지만, 진정으로 주주의 이익을 생각하는 경영진이라면 그런 선택을 한다.

따라서 투자할 기업을 고를 때, 경영진이 주주들의 자본을 어떻게 배분하는지 눈여겨보길 권한다. 우선 현재 사업을 확장하기 위한 내부 투자가 중요하다. 또 기존 사업을 키우는 외부 투자, 즉 매입이나 합병 등을 얼마나 전략적으로 실행하는지 판단해야 한다. 불필요하게 높은 채무를 줄여 나가는 것도 중요한 요소다. 기업이 창출한 돈을 어떻게 재투자하는지가 관건이다. 반대로, 기업의 성장을 위한다며 혹은 자신의 어마어마한 고액 연봉을 정당화하기 위해 계속 쿨해 보이는 내부 프로젝트나 합병을 남발하는 경영진이 있다면, 그 기업은 더 세밀한 분석이 필요하다. 아니면 아예 피하는 것이 낫다.

2022.03.21.

그들이 우리가 될 때: 우버와 택시가 한배, 아니 한차를 타다

직장 생활을 하는 사람들은 대부분 이런 말을 할 때가 있을 것이다. 요즘은 일하는 게 좀 지루하다고. 투자 업계에서 나는 소위 바이사이드(Buyside, 증권을 사는 쪽)에 속한다. 쉽게 말해, 증권사 중에서도 뮤추얼펀드나 고객의 자산운용을 위탁받아 대신 투자하는 일을 하는 회사에 다니고 있다. 우리 팀의 주목적은 증권을 싼 값에 사는 것이다. 물론 가격이 너무 비싸졌다고 판단되면 어쩔 수 없이 팔기도 하지만, 그럴 때는 그저 만족스러운 왕복 여행을 마치는 기분이 들 뿐 특별한 재미를 느끼지는 못한다. 오히려 정말 좋아하는 기업의 증권 가격이 가치보다 높아져

팔아야 할 때는 속이 상하기까지 하다. 오래 동행하던 친구와 잠시 이별하는 기분이 들기 때문이다.

요즘 내가 지루한 나날을 보내는 이유는 회사채 값이 다시 비싸져 매입 기회가 크게 줄었기 때문이다. 지난주 내가 담당하는 분야에서 단 1달러도 투자하지 못했다. 그럴 때는 종일 뉴스를 읽고, 최근 발표된 분기 성과 보고를 바탕으로 투자 뷰 업데이트를 작성한다. 프로그래머들이 멋진 앱을 만들 때 코딩에 관해 설명하는 멘트를 쓰듯, 투자 뷰 업데이트를 쓰는 일은 필요하긴 하지만 그다지 흥미로운 작업은 아니다.

그렇다면 회사채에 투자하기 위해 기업 분석을 하는 애널리스트들은 채권 가격을 어떻게 측정할까? 주식은 단순히 거래되는 주가를 기반으로 계산을 시작하지만, 채권은 방식이 다르다. 거의 위험이 없는 국채가 존재하기 때문이다. 채권 투자자들에게는 미연방 정부가 발행하는 국채와 같은 이자율 기준선이 있어 최상급의 안전한 채권 투자가 가능하다. 따라서 위험도를 조금 떠안는 대신, 국채보다 높은 이자율을 얻기 위해 회사채 등에 투자한다. 결국 회사채의 가격은 달러 액수보다는 국채 대비 얼마나 더 높은 이자를 받느냐가 핵심이 된다.

예를 하나 들어 보자.(참, 이 대목이 따분하다면 건너뛰어도 괜찮다.) 지난달 내가 매입하기로 한 채권의 발행사 H는 캘리포니아에서 종합병원과 클리닉 등을 운영하는 기업이다. 그 30년 만기 채권의 이자율은 같은 30년 만기 미국채의 이자율보다 1.27% 높았다. 업계 사람들은 이를 127bps(basis points)라 부르고, 말할 때는 그냥 127빕스라고 한다.(1bp=0.01%) 즉 파산 가능성이 사실상 없는 미연방 정부에 돈을 빌려주지 않고, 아주 낮지만 존재하는 파산 위험이 있는 H사에 돈을 빌려주는 대신 매년 1.27% 더 받는 것이다. 이렇게 국채 위에 얹어지는 추가 이자율을 '스프레드'라고 부른다. 토스트에 바르는 잼이나 버터처럼, 국채 이자율 위에 얹어지는 돈이기 때문이다. 요즘 내가 지루한 나날을 보내는 이유는, 지난달 145빕스까지 올랐던 평균 스프레드가 지금은 115빕스도 되지 않아서다. 결국 회사채 스프레드가 너무 낮아져서, 곧 채권 가격이 너무 비싸져서 나는 뉴스만 읽고 보고서만 쓰는 나날을 보내는 중이다.(휴, 지루한 얘기 읽느라 수고했습니다.)

각설하고, 주제로 다시 돌아가 보자. 지난주 읽은 뉴스 가운데 흥미로운 소식이 하나 있었다. 바로 오래 앙숙이던 우버와 택시가 손잡기로 했다는 뉴스였다. 뉴욕시의 모든 택시가 우버 앱에 등록된다는 발표를 보면서, 신개념 교통수단인 우버와 기존 택시 사이의 경계가 점점 희미해지고 있음을 느꼈다. 그리고 오랫동안 서로를 비판하며 논쟁하던 이들도, 필요할 때는 협력할 수 있다는 사실을 새삼 깨닫게 되었다.

그렇다면 우버 CEO가 '적'이라 부르던 택시와의 결합은 어떻게 성사되었을까? 하나는 각 대도시의 엄격한 규제를 견디며 타협을 찾으려 한 우버 경영진들의 노력 때문이었고, 또 하나는 팬데믹이라는 거대한 도전을 함께 이겨 내는 과정에서 협력의 필요성을 절감했기 때문이었다. 스페인 바르셀로나는 한동안 우버 드라이버들에게 15분 대기 시간을 강제했다. 택시는 바로 탈 수 있었지만, 우버는 호출 후 15분이 지나야 탈 수 있었던 것이다. 뉴욕시는 2018년부터 거리에서 운행할 수 있는 우버 차량 대수를 제한하고, 드라이버들에게 최저 임금을 보장하도록 했다. 결국 우버는 바르셀로나를 포기했다가, 운전사들을 택시 기사로 등록하는 방식으로 다시 진출했고, 마드리드에서도 같은 방식으로 사업을 이어 가기로 했다.

그런데 갑자기 닥쳐온 팬데믹은 우버나 택시 모두에게 치명적이었다. 승객을 거의 다 잃은 양측은 이 어려운 시절을 버텨 내기 위해 새로운 길을 모색했다. 우버 드라이버들은 승객을 태우는 일뿐만 아니라 식당 음식과 마켓의 식품 등을 배달하는 일도 시작했다. 그러다 보니 방역 규제가 풀린 최근에는 급증한 수요를 감당하지 못할 정도가 되었다. 한편 미국의 실업률은 4% 이하로 떨어지고(2022년 3월엔 3.6%) 임금은 빠르게 상승해 사업 환경이 더욱 도전적으로 변했다. 결국 우버는 뉴욕시의 모든 택시를 우버 앱에 가입시키는 전략적 제휴를 추진했다. 뉴욕 택시 기사들 역시 기존 규제(예를 들어 뉴욕시 밖에서는 승객을 태울 수 없는 규칙)에서 벗어나 언제든 우버 드라이버로 활동할 수 있는 새로운 사업 모델을 환영하고 있다고 한다.

사실 시각장애인인 나는 우버와 리프트를 좋아한다. 스마트폰 앱으로 쉽게 차를 불러 어디든 갈 수 있는 편리함이 매력적이기 때문이다. 그런데 한번은 한국 택시 안에서 우버 얘기를 꺼냈다가 기사님께 크게 혼난 적이 있다. 마치 마약 밀수범이라도 된 양 취급받으며 이런 조언을 들었어야 했다. "한국 택시 안에서 절대 꺼내면 안 되는 말. 정치 이야기, 그리고 우버라는 단어."

그 뒤로 한국에 갈 때마다 나는 이 교훈을 명심한다. 이번 뉴욕의 사례처럼, 언젠가는 예상치 못한 누군가와 함께 우버를 타고, 인생이라는 여정을 동행하게 될지도 모르는 일이 아닌가, 하고 생각하면서.

2022.04.04.

투자는 카지노 게임이 아니야

　　　　　　　　자녀에게 도박의 '위험성'을 가르치려던 아빠가 있었다. 그는 아들과 딸 넷에게 각각 25센트짜리 동전 하나씩 내게 했다. 이렇게 거둔 1달러로 아빠는 복권 한 장을 샀다. 아이들에게 돈을 잃는 경험을 통해 로또를 포함한 모든 도박에 부정적인 기억을 심어 주려 했던 것이다. 그러나 예상과 달리 그 복권이 당첨되고 말았다. 아빠는 아이들의 대학 비용을 마련할 수 있었지만, 정작 도박을 피하라는 삶의 중요한 교훈은 전해 주지 못했다. 오히려 도박으로 한 번에 큰돈을 벌 수 있다는 잘못된 믿음을 심어 주었다면 모를까.

지어낸 이야기일 거라고 생각했는데, 비슷한 경험을 나도 최근에 하게 됐다. 가끔 소셜미디어나 지인들 소개를 통해 대학생들이 나에게 연락해 오곤 한다. 대부분 커리어와 관련된 조언을 구하기 위해서다. 정치에 관심을 두다가 대학 2학년이 되어 금융으로 진로를 바꾼 H도 있었고, 졸업을 앞두고 진로 조언을 구하던 J도 있었다. 그런데 최근에 대화하게 된 J가 유학생이라는 걸 알고, 나는 그를 도와줄 만한 한 사람을 떠올렸다. 바로 코트라(KOTRA) 뉴욕무역관 케이 무브(K-Move) 센터의 박준섭 차장이었다. 그는 미국 취업을 원하는 한국 청년들을 돕는 일을 한다. 그래서 J 같은 유학생에게 도움이 될 거라고 생각했다. 특히 요즘 미국 고용주들은 인력 부족으로 어려움을 겪고 있으니, 양질의 교육을 받고 업무 경험도 훌륭한 J를 좋은 고용주에게 소개할 수 있을 거라고 보았던 것이다. 그래서 박 차장께 전화를 걸었다. "요즘 미국 실업률도 낮고, 직원들을 찾는 인기 직종도 많으니, 유학생들을 많이 도와주고 계시지요?"

그런데 뜻밖의 대답이 돌아왔다. 미국 취업을 원하는 한국 청년들이 예전보다 많이 줄었다는 얘기였다. 취직보다 투자를 선택하는 청년들이 많아졌다는 이유였다. 팬데믹 전보다 미국 취업을 희망하는 유학생이 많지 않다고 했다.

그 말을 듣고 나도 모르게 깊은 한숨이 나왔다. 떠오르는 몇몇 친구들이 있었기 때문이다.

나는 오래전부터 한국 보육원에서 생활하는 아이들을 돕는 '야나 미니스트리'를 설립해 지인들과 함께하고 있다. 야나(YANA)는 "You Are Not Alone."의 줄임말인데, 그들이 결코 혼자가 아니라는 것을 알려 주는 일을 한다. 그중에는 미국으로 데려와 유학시킨 학생도 있고, 미국에서 취업하도록 도운 친구도 있다. 하지만 우리가 더 신경을 써야 하는 건 보육원을 떠나 한국에서 계속 살아가는 친구들이다. 그들이 직접 도움을 요청하지 않는 한 우리가 할 수 있는 일이 많지 않다. 주위 사람들을 통해 그들이 어떻게 생활하고 있는지 전해 듣곤 하는데, 이상하게도 야나 사람들에게는 늘 괜찮다고, 잘 지내고 있다고 말한다고 한다. 어쩌면 부족함을 드러내고 싶지 않아서일 수도 있겠다.

취업보다 투자를 선택하는 청년들이 늘었다는 말을 들었을 때, 가장 먼저 떠오른 건 야나를 통해 알게 된 T와 G였다. T는 유난히 공부를 잘해 일류 대학에 입학했고, G는 좋은 고등학교 성적과 인턴 경험으로 훌륭한 직장에 취직했다. 그런데 지난달, 이 두 친구가 집에 앉아 투자만 하고 있다는 소식을 들었다.

아빠 말에 따라 동전을 '투자'해 대학 비용을 번 아이들처럼, 팬데믹 직후부터 투자했다면 주식은 늘 오른다는 고정관념을 갖게 되었을 가능성이 높다. 며칠간 하락을 하더라도 결국 주식에 투자하면 취직해서 버는 돈보다 더 큰돈을 벌 수 있다는 생각. 몇 번의 거래로 취업한 친구의 몇 달 치 급여보다 많은 돈을 벌면, 자신이 투자 천재가 아닐까 착각할 수도 있겠다. 물론 개인 투자자 중에는 실제로 재능을 보이는 사람도 있지만, 내 짐작으로는 착각에 빠진 경우가 훨씬 많은 것 같다.

'초심자의 행운'이라는 말이 있다. 포커 같은 놀이판에서 초보자가 운 좋게 돈을 버는 경우를 말한다. 이것이 초보자를 끌어들이려는 도박꾼의 술책이 아니라고 하자. 그렇다 하더라도 초보자는 그 경험에서 자신감을 얻어 더 큰돈을 걸게 마련이다. 물론 이윤이 최고조에 달했을 때 깨끗하게 털고 일어나는 사람도 있겠지만, 더 큰돈을 벌 수 있다는 유혹에 많은 사람이 도박판에 묶이고 만다.

증시와 도박판은 분명 다르다. 그러나 대박을 꿈꾸며 자산을 불리려는 마음으로 증시에 뛰어드는 이들 중에는 투자를 카지노 게임처럼 착각하는 이들이 많다. '초심자의 행운'을 꽤 오랫동안 누렸던 이들이, 연초부터 이어진 주가 하락을 어떻게 받아들이고 있을까? 주식 투자만 믿고 취업과 사업 계획을 다 포기한 이들의 하루하루는 어떨까? 몇 년 치 생활비를 마련해 둔 사람들은 큰 충격은 피하고 있겠지만, 그렇지 못한 초보 투자자들도 많을 것이다. 특히 T와 G에게 해 주고 싶은 말이 있다.

"힘들면 언제나 연락해. 너희는 혼자가 아니야."

2022.05.28.

코인으로
돈을 벌고 싶다고?

지난 5월 저녁, 나는 우리 가족이 다니는 뉴저지 참빛교회에서 투자 세미나를 했다. 몇 달 동안 여러 분들로부터 투자 관련 조언을 부탁하는 연락을 받았지만, 내가 근무하는 곳이 투자 회사다 보니 '무엇을 사라'거나 '무엇을 피하라'는 구체적인 조언을 할 수는 없었다. 다만 투자에 대한 사회적 관심이 커진 만큼, 개인 투자자의 시장 이해를 높이고 투자 전략 의견을 나눌 기회를 마련해야겠다고 생각해 내가 직접 세미나를 제안했다. 그렇게 정말 오랜만에 연단에 서서 강연하고 문답을 진행했다. 회사를 골라 투자하는 방법보다는 S&P 500 같은 주가 지수에 맞춰 투자하는 펀드를 선택하라는 조언부터, 투자 기업을 선택할 때 잊지 말아야 하는 유의 사항까지 약 45분간 강연했고 이어서 문답 시간을 가졌다.

예상대로 가상 화폐에 대한 질문이 나왔다. 온라인으로 참여한 한 분이 "코인 트레이딩을 도박으로 보느냐?"고 단도직입적으로 물었다. 나는 망설임 없이 "그렇게 생각한다."고 답했다. 그렇게 답한 데에는 여러 이유가 있었지만, 역사 속 인물의 잊지 못할 한마디가 떠올랐기 때문이었다.

친구이자 업계 동료인 L은 나와 같은 일을 하는 채권 애널리스트다. 그의 탁월한 능력에 자주 감탄했고 훌륭한 인격을 나는 존경해 왔다. 왜 그저 한 자산운용사의 시니어 애널리스트로만 남아 있는지 의문이 들 만큼 그는 똑똑하고 박식한 데다 근면하기까지 하다. 그의 뛰어난 능력을 보여 주는 사례는 많지만 가장 기억에 남는 건 역사상 최대 투자 사기의 주인공, 버나드 메이도프의 사기 행각을 남들보다 먼저 의심하고 근거를 찾아냈을 때였다. 메이도프의 폰지형 사기(이윤 창출을 하지 않고 투자자들이 투자한 돈으로 다른 투자자들에게 수익을 지급하는 금융 사기)가 세상에 드러나기 3~4년 전의 일이었다.

600억 달러 규모의 펀드를 운용했고, 결국 170억 달러 이상의 손실을 투자자들에게 입힌 메이도프는 2009년 150년 형을 선고받고 노스캐롤라이나주 연방 교도소에 수감됐다. 그리고 여든두 살이었던 2021년 4월 14일, 그가 교도소 병원에서 사망했다는 소식이 전해졌다. 그 한 달 뒤, 내가 세미나에서 가상 화폐 질문에 답할 때 떠올렸던 인물이 바로 메이도프였다.

한때 나스닥 증권거래소 위원장이었던 그는 오랫동안 저명한 증시 전문가였다. 맨해튼 펜트하우스를 비롯해 여러 별장과 개인 제트기를 소유하며 최고 부유층의 호화로운 생활을 누렸다. 또 매년 8~12%의 수익률을 올리는 펀드, 그래서 아무나 가입할 수 없는 투자 펀드를 운용했다. 메이도프 펀드의 매력은 두 가지였다. 세상이 어떻게 변하든 매년 평균 10%의 이윤을 보장해 준다는 점. 그리고 든든한 '빽'이 있어야만 고객이 될 수 있다는 점. 그래서 사람들은 무슨 수를 써서라도 메이도프 펀드의 고객이 되려 했고, 이 펀드에만 투자하는 피더 펀드(Feeder Fund, 다른 펀드를 통해 투자하는 펀드)까지 등장하기에 이르렀다. 결국 메이도프의 사기 행각에 휩쓸렸던 개인 투자자들은 대부분 이런 피더 펀드를 통해 메이도프에게 돈을 보냈다.

펀드 규모가 커질수록 의심하는 사람들이 하나둘 늘어났

다. 그중 한 사람이 내 친구 L이었다. 메이도프 펀드가 사용했다고 주장한 전략, '분할 태환 방식(Split Strike Conversion)'은 콜과 풋옵션을 통해 주가의 변동 범위를 줄이는 테크닉이다. 하지만 L을 비롯한 전문가들은 이 방식으로 수십억 달러를 운용하는 건 어렵고, 만약 운용한다고 해도 매년 8~12%의 수익을 내는 건 절대 불가능하다고 주장했다. 불황과 닷컴 버블로 나스닥 지수가 반토막이 났을 때조차 메이도프 펀드가 매년 10%를 웃도는 성과를 낸 것은 통계적으로 설명할 수 없는 일이었다.

대부분 투자자는 이런 소수 전문가들의 경고를 오랫동안 무시했다. 메이도프는 자신을 의심하는 고객이 수백만 달러를 한꺼번에 빼 가려 하면 언제나 군말 없이 돈을 돌려주었기 때문이다. 그러나 2008년 금융 위기로 돈을 회수하려는 투자자가 급격히 늘자, 메이도프의 사기는 끝내 세상에 드러나고 말았다. 나중에 밝혀진 사실이지만 메이도프 펀드는 애초 증시에 투자조차 하지 않았고, 계좌 잔액이나 고객에게 보낸 월 명세표도 모두 허구였다. 한마디로 '벌거벗은 임금님' 같이 꾸며 낸 이야기였던 것이다. 메이도프는 고객 A가 돈을 돌려 달라 하면, 고객 B, C, D 등이 보낸 돈으로 돌려 막았다. 금융 위기 때문에 돈을 회수하려는 고객이 새로 투자하는 고객보다 훨씬 더 많아지기 전까지는 그런 식의 돌려 막기가 가능했다. 결국 전형적인 폰지 사기였던 것이다.

그런데 잘 알려지지 않은 사실이 하나 있다. 150년 형을 선고받은 메이도프는 뉴욕 매거진 기자에게 이렇게 말했다고 한다. "사람들은 눈앞에 놓인 돈 욕심 때문에 누구나 볼 수 있는 레드 플래그(경고 표시)를 무시했다. 그게 내 사기를 가능케 했다."

지금도 마찬가지다. 어떤 적정 주가 계산법을 써도 비싸다는 결론이 나오는 '핫'한 가상 화폐들이 여전히 많은 사람을 유혹한다. 더구나 B, C, D 등이 더 높은 값에 내 코인을 사 줄 거라는 기대에 의존해 코인을 사들이는 A들이 넘쳐 난다. 이런 환경을 가능하게 한 것은 우리의 욕심, 그리고 누구나 볼 수 있는 '레드 플래그'들을 애써 외면하려는 태도가 아닐까 싶다.

2021.06.05.

성공의 아름다움을 추구할 기회

매년 가을이면 오는 '연락'이 있다. 12학년(고등 3학년) 자녀의 에세이를 도와 달라는 부탁 전화다.

미국 대학 입학에서 에세이는 당락을 좌우하는 중요한 요소다. 대입 컨설팅을 전문적으로 하는 업체들도 있지만 이들은 12학년 학생은 받지 않는다. 빠르면 7학년(중등 1학년), 아무리 늦어도 9학년부터 준비해야 한다고 보기 때문이다. 게다가 전문 컨설턴트 고용은 소득이 매우 높은 가정에서나 가능한 일이다.

한국 못지않게 미국에서도 자녀의 대학 입시는 큰 이슈

다. 뉴저지, 뉴욕, 캘리포니아에 사는 아시아계 미국인 부모들뿐 아니라, 중산층 이상의 삶을 사는 부모들 혹은 자녀가 더 나은 삶을 살기를 바라는 부모들 모두가 대입 문제에 열정을 쏟는다. 2019년 입시 부정 사태가 이런 상황을 잘 보여 준다. 이들은 뇌물과 돈으로 자녀 시험 점수를 올리기도 했고, 자녀를 한 번도 해 본 적이 없는 스포츠 종목의 스타로 둔갑시키다 발각되기도 했다. 문제는 부모뿐 아니라 학교 직원, 대입 컨설턴트까지 모두 이 사태에 연루되었다는 점이다. 부정을 저지른 부모 중 한 명은 유명 금융 회사 고위직이었는데, 논란이 일자 회사에서 즉시 해고됐다.

왜 이런 일들이 일어나는 걸까? 하버드대 교수 마이클 샌델의 책 『공정하다는 착각』에 따르면 세상이 변해도 너무 변했기 때문이란다. 1940년대부터 1970년대까지는 미국에서 고졸 학력만으로도 중산층의 삶을 누릴 수 있었다. 학력에 따른 소득 차이는 늘 존재했지만, 지난 40년 동안 그 격차는 두 배로 벌어졌다. 1979년에는 대졸자가 고졸자보다 평균 40%를 더 벌었으나, 지금은 그 차이가 80%에 이른다. 또한 일반 근로자와 기업 임원 및 주주의 소득 격차도 계속 커졌다. 1970년대 말, 미국 대기업 대표들은 일반 근로자보다 30배를 더 받았으나 2014년에는 무려 300배로 껑충 뛰었다.

더 큰 문제는 따로 있다고 샌델 교수는 말했다. 사회가 한 사람의 연봉에 따라 그 사람의 가치를 판단한다는 문제다. 부유하다는 것은 편안한 삶뿐 아니라, 다른 이들의 인정과 선망을 불러온다. 그러니 자녀를 가능한 한 우수한 대학에 보내려 사력을 다하는 부모가 늘어나는 것은 당연한 현상처럼 여겨진다. 때로는 부정까지 감수하면서까지 말이다.

매주 토요일 새벽, 나는 한국에 있는 어머니와 통화한다. 어머니는 늘 입버릇처럼 내 아들 데이비드가 하버드에 갔으면 좋겠다고 말씀하신다. 내가 12학년이었던 1987년 당시 하버드대 합격 경쟁률은 대략 6 대 1이었다. 그런데 이젠 29 대 1이다. 치열해진 것은 하버드나 기존 일류 대학만이 아니다. 응시하는 학생 대다수가 합격하던, 이른바 '안전빵' 대학들마저 명문대로 불리며 경쟁이 치열해졌다. 대학은 필수가 되었지만, 대학 진학은 더 어려워진 세상이 된 것이다.

매주 토요일 아침, 나는 에세이를 도와주기로 한 학생과 통화한다. 주로 학생이 쓴 에세이에 대한 조언을 하고, 도전할 만한 학교 리스트를 만들어, 그에 맞는 에세이 방향과 인터뷰 답변 준비를 돕는다. 핵심은 자기 능력을 '자연스럽게' 드러내는 일이다. 이런 작업은 9월부터 시작해 입시 원서 마감일인 1월 말까지 이어진다. 2년 전에는 딸 예진이와 이런 작업을 했고, 내년에는 아들 데이비드와도 똑같이 할 예정이다.

그런데 이상하게도 나는 왠지 모를 씁쓸함과 안타까움을 느낀다. 사람을 능력으로 분류하는 것이 마치 달걀을 등급별로 나누는 것처럼 느껴지기 때문이다. 능력을 증명하려면 옆 친구보다 더 잘해야 하고, 남들의 눈에 띌 무언가를 보여야 한다. 하지만 나는 안다. 이런 팍팍한 환경 속에서도 성공할 수 있는 또 다른 길이 있음을.

내가 오랫동안 몸담아 온 직장이 바로 그 증거다.

나는 시각장애인으로서 23년째 같은 회사에서 근무하고 있다. 창립 203년째를 맞은 브라운 브라더스 해리먼사다. 한때 금융 시장과 미국 정치에 큰 영향을 미친 월가의 회사로, 고작 30여 명이 주주이자 경영을 맡고 있지만, 지난 70여 년간 꾸준하게 회사 규모를 키워 왔다. 빠른 성장과 주주의 이윤만을 위해 달리는 경쟁사들과 달리, 아직 상장조차 하지 않고 개인 파트너십을 유지하고 있는, 작지만 큰 회사다.

이 회사의 특징은 금융 위기와 같은 어려운 시기에 두드러진다. 임원들이 자발적으로 연봉을 깎아 직원들의 연봉을 유지하는 유연성을 발휘한다. 능력의 가치를 인정하면서도, 고객과 직원과의 관계를 장기적으로 내다본다. 한마디로, 월가에 있지만, 월가 회사 같지 않은 회사다.

그래서 나는 대학 입시를 준비하는 아이들에게도 이런 말을 전하고 싶다.

"얘들아, 세상에는 이런 기업도 있단다. 경쟁뿐 아니라 성공의 아름다움을 추구할 기회가 너희에게도 있단다."

성공은 남보다 앞서는 데만 있는 게 아니라, 함께 오래 걸어갈 길을 찾는 데도 있다는 것을, 경쟁에 지친 아이들에게 말해 주고 싶다.

2021.10.09.

국민의 돈을
보호하는 법

미국 정부 시스템은 국가를 대표하는 연방 정부와 50개 주를 대표하는 주 정부, 그리고 각 주에 소속된 카운티와 시티 또는 타운 등으로 나뉜다. 증권 분석 일을 28년간 해 온 나는 약 10년 동안 주식이나 회사채가 아닌, 주 정부와 산하 지자체가 발행하는 지방채를 분석하는 일을 했다. 이런 배경을 가진 애널리스트에게 2022년 10월에 일어난 '레고랜드발(發) 한국 채권 시장의 유동성 경색'은 상상하기 어려운 일이었다. 한 정치 리더의 채무 불이행 결정을 비판을 하고 싶진 않다. 한국 신용 환경의 빈틈을 이해했다면 그의 결정이 정치적 상책이었을 수도 있기 때문이다.

내 아들과 아내처럼 레고를 매우 좋아하는 사람들에게 레고랜드는 꼭 가 보고 싶은 테마파크일 것이다. 나 역시 캘리포니아와 플로리다에 있는 레고랜드를 각각 방문한 적이 있는데, 솔직히 내겐 조금 지루한 경험이었다.

그런데 한국 레고랜드의 위치는 강원도로 결정됐던 모양이다. 이 사업을 추진하기 위해 강원도는 2012년 강원중도개발공사(GJC)라는 부동산 개발 업체를 설립했다. 자금 조달을 위해 GJC가 채권을 발행했는데, 신설된 회사라 실적도 없고 경영진의 업적도 검증되지 않았기에 강원도가 직접 채무 보증을 섰다고 한다.

왜 그렇게 시간이 오래 걸렸는지는 모르겠으나, 한국 레고랜드는 2022년 5월이 되어서야 문을 열었다. 그러나 그때부터 벌기 시작한 수익으로는 9월 말에 지급해야 할 2050억 원의 채무를 감당할 수 없었던 것 같다. 그렇다면 당연히 보증을 선 강원도가 만기일인 9월 29일까지 이를 지불했어야 한다. 그런데 놀랍게도 강원도는 GJC의 기업 회생 절차를 법원에 요청했다. 쉽게 말해 부도를 낸 것이다. 이 대목에서, 한때 지방채 애널리스트였던 내게 떠오른 질문은 단 하나였다. '그 결정으로 강원도의 신용 등급은 얼마나 타격을 입게 될까?' 당연한 질문이 아닌가? 보증을 섰음에도 그 책임을 다하지 못한, 아니 다하지 않기로 한 채무자의 신용 등급은 당연히 하향 조정돼야 한다.

융자를 받는 개인에게 신용 점수가 있듯, 채권을 발행하는 기업이나 정부 기관에도 신용 등급이 있다. 가장 잘 알려진 신용 평가 기관은 무디스 인베스터 서비스와 S&P 글로벌, 피치 레이팅스다. 그래서 나는 강원도의 신용 등급에 대한 이들의 결정을 알아보기 위해 검색을 시작했다. 그러나 무디스, S&P, 피치 레이팅스 사이트 어디에도 강원도는 올라와 있지 않았다. 그래서 이번엔 한국의 신용 평가 기관들이 강원도의 신용에 대해 어떤 언급을 했는지 알아보았는데, 놀랍게도 강원도는 신용 등급이 없다는 사실을 알게 됐다. 중앙 정부의 영향이 비교적 큰 한국에서는 각 지자체의 신용 등급보다는 한국의 국가 신용 등급을 토대로 채권 거래 가치가 결정된다는 사실을 알게 된 것이다. 즉, 국가 채권 이자율에 얼마를 더해서 지방채가 거래된다는 뜻이었다.

GJC 사건으로 채권 시장이 심각하게 얼어붙지 않았다면, 그리고 지자체뿐 아니라 채권 투자로 자금을 조달하는 모든 기업과 정부 기관들이 위기에 빠지지 않았다면, 강원도 지사의 디폴트 결정은 아마도 하루이틀 비판적인 기삿거리로 끝날 수도 있었을 것이다. 그런 결정을 내려도 강원도에 별 타격이 없는 상황에서, 레고랜드 개발사를 살리기 위해 2050억원의 시민 세금을 내어놓는 것보다 정치인들의 비판이나 기자들에게 받는 불편한 질문을 견뎌 내는 것이 더 나았을 수도 있었을 테니까.

하지만 자금이 필요한 발행사들과 자금을 투자해야 하는 채권자들이 의존할 수 있는 안정적인 시장을 유지하려면, 업적과 결정, 선택 등에 따라 긍정적 혹은 부정적 결과가 반드시 뒤따라야 한다. 사업을 잘 운영한 발행사에는 더 높은 신용 평가를 부여해 낮은 이자율로 자금을 조달할 기회를 주어야 한다. 반면, 채권 계약서 조항을 어긴 발행사는 신용 등급 하락을 통해 자금 조달이 어려워지고, 더 높은 이자율을 부담해야 한다.

이런 환경을 만들고 투자자들의 신뢰를 회복하기 위해 나는 '레고랜드법'을 제안한다. 정부가 발표한 50조 원 규모의 유동성 지원책도, 강원도가 약속한 연내 전액 상환도 한시적 조치일 뿐이다. 한 번 잃은 신뢰를 되찾으려면 국법에 따른 명확한 책임을 보장하는 채권 시장 시스템이 필요하다. 우선 제3자를 위해 지불 보증한 액수를 포함해 총 채무액이 일정 규모 이상인 지자체는 신용 등급을 평가받도록 하고,

그 평가 기한을 설정해야 한다는 조항이 필수일 것 같다. 투자자들이 의지할 수 있는 객관적 신용 평가가 필요하기 때문이다.

또 지자체가 사용할 수 있는 보증의 종류도 몇 가지로 제한하고 각각 규칙을 두어야 할 것이다. 예를 들어, '일반 보증(General Obligation)'은 세금을 올리는 방법까지 동원해서라도 원금과 이자 지급의 책임을 다하겠다는 무조건적인 약속이다. 이는 신용 등급을 가장 크게 높여 주는 선택이다. '의회 승인 보증(Appropriation)'은 예산에 해당 지급액을 포함하겠다는 계약으로, 이는 도의회나 시의회가 지급 결정을 할 수 있는 옵션이다. 이 두 가지 방식은 단 한 사람, 즉 도지사나 시장의 결정만으로 부도가 날 수 없는 시스템을 만들어 줄 것이다. 동시에 신용 등급 조정과 이자율 차이에 신경을 쓰게 하여 정치인과 공무원들이 투자자와 시민을 보호하는 결정을 내리도록 유도할 수 있다.

기억하자. 나라의 자산, 연금, 보험금 등 막대한 국민의 돈이 채권에 투자된다. 그러니 '레고랜드법'은 결국 국민을 보호하는 법이 될 거라고 믿는다.

2022.11.05.

믿음에 대하여

오랫동안 가족과 함께 보고 싶었지만 결국 보지 못한 영화가 몇 편 있다. 1861년부터 4년간 이어진 남북전쟁, 노예 제도와 함께 무너진 미국 남부의 삶을 그린 「바람과 함께 사라지다」는 아직도 보지 못했다. 거의 네 시간에 달하는 긴 상영 시간 때문에 다들 보기를 꺼렸기 때문이다. 또 자신이 산타클로스라고 주장하는 한 할아버지가 뉴욕시 메이시 백화점의 산타클로스로 일하면서 벌어지는 「34번가의 기적」 역시 마찬가지다. 너무 뻔한 해피 엔딩을 나를 제외한 다른 가족 모두가 싫어하기 때문이다.

그런데 팬데믹을 함께 견뎌 내며 생긴 관대함 때문이었을까? 크리스마스를 앞두고 아이들이 내가 원하는 영화를 한 편 같이 보자고 했다. 얼마나 감사하던지. 그래서 내가 가장 좋아하는 크리스마스 영화 「멋진 인생」을 선택했다.

지미 스튜어트가 주연을 맡은 이 영화는, 넓은 세상에서 활동하는 멋진 건축가를 꿈꾸지만 결국 자신이 태어난 작은 마을을 벗어나지 못하는 주인공 조지 베일리의 이야기다. 그는 아버지가 운영하던 '베일리 은행(Bailey's Building and Loan)'을 이어받는다. 아버지의 갑작스러운 죽음은 대학 진학과 함께 마을을 떠나려던 그의 발을 붙잡았고, 그는 원하지 않았던 은행 일을 맡게 된다.

어릴 적부터 자신을 사랑해 온 메리와 결혼하던 날, 조지는 잠시라도 마을을 떠나려 한다. 그는 2,000달러(오늘날 가치로는 3만 달러가 넘는 돈)를 갖고 신혼여행 길에 나선다. 그러나 자신이 운영하는 은행 앞에 줄을 선 많은 사람을 보고 발걸음을 돌린다. 그리고 신혼여행에 쓰려고 모아 뒀던 돈을 예금주들에게 나눠 주며, 하루아침에 은행을 망하게 할 수도 있는 뱅크런(대량 예금 인출)을 막는다.

영화 속에서는 한 사람의 결단이 위기를 막았지만, 현실은 그렇지 않았다. 불행하게도 지난달, 이런 방식으로 뱅크런을 막을 수 있는 사람은 영화 속에서만 존재한다는 사실을 나는 새삼 확인하게 되었다.

현대를 살면서 의심의 여지가 없어야 하는 일들이 많다. 개봉하지 않은 생수의 청결함. 아스피린 라벨이 붙은 병 속 알약이 모두 아스피린이라는 사실. 거스름돈으로 받은 5달러짜리가 위조지폐가 아니라는 믿음. 그리고 은행에 예금해 놓은 돈을 내가 원하는 언제든 찾을 수 있다는 신뢰 등등. 하지만 수많은 예금주가 한꺼번에 그들의 전액을 인출하겠다고 요구한다면 살아남을 은행은 세상에 없다. 은행은 고객이 예금한 돈 대부분을 그대로 금고에 보관해 두지 않기 때문이다. 일정 금액만 현금으로 준비해 두고, 나머지는 융자나 채권 투자 등에 사용하여 예금주들에게 지불하는 이자보다 높은 수익을 내는 것이 은행의 일이다.

캘리포니아에 본사를 둔 실리콘밸리은행(SVB)은 지난 3월 8일 급격히 늘어난 인출 요구를 충당하기 위해 추가 주식 발행을 통해 22억 5000만달러를 조달하겠다고 발표했다. 「멋진 인생」에서 조지가 예금주들을 안심시켰던 것처럼, SVB 경영진도 예금이 안전하다고 강조했지만, 인출은 급격히 증가했다. 바로 다음 날 단 하루 만에 은행 자산의 약 20%에 해당하는 420억 달러가 빠져나가면서 위기가 더욱 심화됐다. 더구나 옛날처럼 은행에 직접 가야 하는 것이 아니라, 온라인 인출과 송금 등이 가능한 오늘날의 금융 환경은 상황을 더욱 위험하게 만들었다. 결국 3월 10일, 캘리포니아주 금융 감독 기관은 SVB를 폐쇄하고, 연방 예금보험공사에 관리를 요청했다. 이틀 후인 12일에는 뉴욕주 금융 감독 기관이 같은 이유로 시그니처 은행을 폐쇄했다. 이렇게 2023년 은행 위기가 본격적으로 시작되었다.

믿는다는 것은 과연 무엇일까? 오래전 만났던 대학원생 B의 말이 떠오른다. 이과를 전공한 그는 자기 눈으로 관찰해서 확인할 수 있는 것들만 믿는다고 했다. 그때 빛조차 보지 못하는 시각장애인이었던 내가 뭐라고 답을 할 수 있었을까. 하지만 곰곰이 따져 보면, 아무리 시력이 좋은 사람이라도, 확인에 재확인을 고집하는 과학자라 해도, 모든 일에 B의 기준을 적용할 수는 없다. 예를 들어, 거래하는 은행의 안정성을 개인이 직접 확인할 방법은 없다. 결국 경영진의 주장을 믿거나 은행을 감독하는 정부 기관의 보고서를 신뢰할 수밖에 없다. 물론 예금주들은 일정 한도(미국의 경우 25만 달러까지)까지 예금 보험의 보호를 받지만, 주주나 채권주들은 그런 보호를 받지 못한다. 결국 본인의 분석에 따라, 혹은 믿음이 가는 애널리스트의 추천에 따라 투자 결정을 내릴 수밖에 없다는 결론이 나온다.

예금이나 투자뿐 아니라 인간관계도 눈에 보이지 않는 것들 위에 세워져 있다고 나는 생각한다. 인상, 표정, 눈빛 같은 것들이 상대를 판단하는 데 도움이 될 수는 있지만, 돈보다 더 소중한 친구 관계나 부부 관계 등은 오랜 시간 쌓아 온 상호 존경과 신뢰, 신임 같은 보이지 않는 믿음으로 더욱 단단해진다. 나는 감히 이렇게 말하고 싶다. B의 주장은 확실히 틀렸다고. 눈으로 볼 수 없는 믿음과 신뢰가 있기에 우리는 의심 없이 음식을 먹는 사소한 일부터, 배우자를 믿는 참으로 소중한 일들까지 가능할 수 있다고.

곰곰이 생각해 보면 내가 세상에서 가장 신뢰하는 이는 27년 넘게 함께해 온 아내 그레이스다. 그러나 그녀를 내가 믿는 이유 중 누구한테 보여 줄 수 있는 건 하나도 없다. 오랜 세월을 함께하며 마음속에 자리 잡은, 표현하기 힘든 그 무엇이 나로 하여금 그녀를 전적으로 믿게 하니까. 이것이 사랑이라면, 세상을 긍정적으로 움직이는 힘은 결국 관찰과 확인할 수 있는 팩트가 아니라 이 사랑이 아닐까 싶다.

2023.04.01.

원칙에도
예외가 있다

 나는 한 월가 회사의 현역 애널리스트다. 따라서 고객이 아닌 다른 이들에게, 친척이나 가까운 친구에게조차 투자 자문을 해 줄 수가 없다.

 2023년 10월 말, 보스턴에 놀러 갔을 때 나는 대학 시절 절친 종우와 오랜만에 긴 산책을 했다. 낙엽이 가득한 근교 공원 길을 걸으며 우리는 대입을 앞둔 그의 첫딸, 바이올린 전공을 희망하는 C에 대한 이야기도 했고, 언제쯤 은퇴하는 게 좋을지 의견도 나누었다.(아마도 일흔 살 전후쯤?) 그는 학부 시절 캠퍼스 IT 부서에서 나와 함께 아르바이트를 하고, 내 결혼식에서 신랑 들러리(Best Man)까지 맡아 주었다. 컴퓨터

사이언스 학사 학위를 받고, 이후 의학 박사와 신경학 박사 학위까지 취득해 간질 분야의 세계적 권위자가 되어 현재 하버드 의대에서 학생들을 가르치며 연구를 이어 가고 있다. 그런데도 투자에 대해서는 나 못지않게 관심이 많다.

산책 중 노후 준비에 얼마가 필요할지에 대한 이야기가 나오자, 나는 입이 근질거렸다. 너무도 얘기해 주고 싶은 투자 아이디어가 하나 떠올랐기 때문이다. 종우는 내가 아주 가끔, 극히 드물게 내 개인 돈으로 주식을 산다는 사실을 알고 있었다. 그리고 어떤 기업의 주식을 매수하는지도 잘 알고 있었다. 최근 주가가 최고점에서 90% 이상 떨어진 기업이 하나 있었는데, 내가 분석하기에는 파산 가능성이 희박했고, 오히려 참고 기다리면 회복할 수 있다고 보았다. 그때 내 포트폴리오의 큰 비중을 차지하고 있던 기업이었기에, 정말 말해 주고 싶었다.

만약 내 말을 듣고 투자해서 혹시 주가가 더 떨어진다 해도 절친인 종우는 나를 곤란하게 하지는 않을 것이다. 내게 불리한 소문을 내거나, 내 고용주 회사에 정식 불평을 제기하는 일은 하지 않을 것이다. 그러나 30년 가까이 월가에서 몸에 밴 원칙, 즉 고객이 아닌 누구에게도 투자 조언을 해서는 안 된다는 원칙을 저버릴 수는 없었다.

내가 말하고 싶었던 그 기업의 주식은 6개월이 지난 지금 벌써 다섯 배가 되었고, 나는 여전히 매각할 생각이 없다. 결국 원칙을 지키느라, 내 절친이 은퇴를 조금 더 앞당길 수도 있었던 기회를 놓치게 한 셈이 되어 버렸다. "베리 쏘리, 종! 월 바이 유어 홀 패밀리 어 스테이크 디너 순."(Very sorry, Jong! Will buy your whole family a steak dinner soon, 종우야, 정말 미안해! 곧 네 가족 모두에게 스테이크 한 끼 대접할게.)

원칙을 지키는 데에는 언제나 비용이 따른다. 예컨대 기관 투자자들 중에는 그들의 고객들로부터 어떤 기업에는 절대 투자하지 않도록 지침을 받는 경우가 있다. 석유, 석탄, 천연가스 같은 화석 연료 기업이나 담배, 술, 대마초 상품, 도박, 무기 산업 등에 투자하지 말라는 것이다. 그러나 업계 사람들은 안다. 화석 연료 관련 주식은 지난 몇 년간 투자자들에게 훌륭한 성과를 안겨 주었다는 사실을. 원칙 때문에 그 이익을 포기한 투자자들 중에는 환경을 해치는 기업에 투자하지 않은 것을 자랑스럽게 여기는 이들도 있겠지만, 후회하는 이들도 분명 있을 것이다.

나는 한 월가 회사의 현역 애널리스트다. 따라서 하면 안 될 말이 있고, 또 아주 조심스럽게 해야 할 말이 따로 있다. 에세이집을 두 권 출간하고, 《매일경제》와 《조선일보》에

7년 넘게 칼럼을 쓰는 동안에도 늘 하고 싶었던 말이 있었다. 바로 대한민국 국민의 노후를 책임지는 국민연금에 관한 나의 생각이다.

2015년 10월 출간된 『눈 감으면 보이는 것들』이 한동안 베스트셀러에 오르면서 나는 다양한 분야의 많은 사람을 만날 기회를 얻었다. 그중에는 한국투자공사, 국민연금, 한국은행 등 국가 자산을 운용하는 기관의 관계자들도 있었다. 그런데 특히 국민연금 투자 전문가들에 대해서는 안타까운 점이 많았다. 크게 두 가지 이유에서다.

첫째, 국민연금이 전주로 이전하면서 많은 인력이 회사를 떠났다. 내가 2016~2017년 무렵 만났던 국민연금 투자팀의 팀장과 팀원들 중 지금까지 남아 있는 분은 한 명도 없다. 서울에 자산운용사가 몰려 있다 보니 서울에 남는 길을 택한 사람이 많았다. 커리어를 막 시작했거나 자녀가 어린 분들은 한동안 전주 근무를 감수했지만, 시간이 지나 자녀가 성장하자 가족을 먼저 서울로 보내고 결국 이직을 택했다. 자산운용사가 지리적 위치 때문에 재능 있는 인재를 잃고, 새 인력 채용마저 어려워진다면 이는 치명적일 수밖에 없다.

둘째, 국민연금은 국민 모두에게 가장 중요한 자산운용사임에도 성과 중심으로 운영되지 못하고 있다고 나는 생각한다. 물론 수많은 신청서를 처리하고, 연금을 수령하는 분들을 위해 다양한 서비스를 제공하며, 모든 시스템을 관리·개발하는 일도 중요하다. 그러나 자산운용은 막대한 금액이 움직이는 일이므로 그 임무의 중요성은 아무리 강조해도 지나치지 않다.

앞서 말했듯 투자 인재를 충분히 확보하기 어렵고, 정치인·감독기관·언론의 간섭과 감시까지 겹치면 직원들은 장기적 전략인을 실행하기 어렵다. 실패만 크게 보도되고 성공은 묻히는 상황이라면, 결국 평균 주가나 채권 지수와 크게 다르지 않은 '안전한 전략'만 추구할 수밖에 없다.

평등이라는 원칙에 따라 직원들을 모두 전주에 근무시키는 것, 정부 기관이라는 이유로 과도한 감독과 노출을 강요하는 것, 그리고 역시 평등이라는 명분으로 민간 자산운용사보다 낮은 연봉을 고집하는 것. 이런 제약을 줄일 수 있다면 국민연금의 성과는 훨씬 더 올라갈 수 있을 것이다. 매년 0.5% 추가 수익을 내는 것은 오히려 보수적인 추정일지 모른다. 국민연금이 운용하는 막대한 자산 규모를 감안하면, 0.5%는 곧 매년 5조 원이 넘는 금액이다.

노후 대책은 모든 나라가 풀어야 할 21세기적 사회 문제다. 수명은 길어지고 출산율은 급속히 떨어지고 있다. 이 불균형 속에서 연금 보장 문제를 해결하기 위해 한국에서 제안된 방법의 하나는 '더 내고 더 받자.'는 것이다. 즉 일할 때 보험료를 더 내고, 노후에는 더 많이 더 오래 받자는 방식이다. 물론 이 역시 진지하게 고려해야 할 방안이다.

그러나 무엇보다 국민연금 자산운용 그룹이 성과를 낼 수 있는 최적의 환경을 만들어 주는 것이 우선이다. 그렇게 된다면 우리 사회 어르신들의 노후는 훨씬 더 안전해질 것이다. 그것이 불가능하다면, 적어도 원칙을 고수하는 데 따르는 비용이 얼마인지 정도는 모두가 알고 있어야 하지 않을까. 5조 원이라는 수치는 결코 과장이 아닌, 오히려 매우 보수적인 추정치임을 잊지 말아야 한다.

2024.04.30.

위탁받은 딸과는
자가 격리도 함께 못 한다고?

얼마 전 우리는 나의 미국 대드 데이비드 오메셔의 아흔한 번째 생일을 맞아 오랜만에 가족 모임에 참석했다. 데이비드 오메셔는 15년 전 세상을 떠난 어머니 매리 오메셔와 사이에 아들 둘, 쌍둥이 딸을 두었고, 뉴저지주 뉴턴 타운에 살고 있었다. 1982년 여름, 이 백인 가족은 한국에 있는 선교사 배리 플리트크로프트에게서 부탁을 받았다. 조만간 미국에 도착할 시각장애인 유학생을 좀 도와달라는 부탁이었다. 친한 친구였던 선교사의 부탁을 그들은 흔쾌히 받아들였다. 뉴욕 존 F. 케네디 국제공항에 나를 마중하러 나왔을 때, 메리와 데이비드는 내가 머지 않아 자신들을 '맘'과 '대드'로 부르는 아들이 될 줄은 전혀 짐작하지 못했으리라.

나는 오버브룩 맹학교의 초청으로 1982년 7월 15일 미국 유학을 왔다. 당시 열다섯 살이었고, 나는 눈앞의 불빛조차 가늠하지 못하는 중증 시각장애인이었다. 영어도 단어 100개 정도만 아는 수준이었다. 당시 문교부에 유학 허가를 신청하러 갔던 어머니에게 담당 직원이 '어떻게 앞을 못 보는 어린 아들을 혼자 유학 보낼 생각을 하느냐.'면서 나무라기도 했단다. 요즘은 조기 유학도 흔해졌고 장애인의 유학도 그리 드물지 않지만, 내가 알기로 그렇게 어린 나이에 미국 유학을 떠난 한국 시각장애인은 내가 처음이었다. 문교부 직원이 걱정할 만한 상황이었던 것이다. 그 직원도, 나의 어머니도 내 앞날이 어떻게 될지 그때는 전혀 상상하지 못했을 것이다.

플리트크로프트 선교사가 부탁한 내용은 미국의 가을 학기 시작 6주 전부터 나를 데리고 있으면서 영어 대화도 가르치고, 또 미국에 익숙해질 수 있도록 도와주라는 것이었다. 그러다 학기가 시작되면 집에서 두 시간 거리에 있는 오버브룩 맹학교에 나를 데려다주고, 기숙사가 문을 닫는 추수감사절 주말과 크리스마스 방학에는 다시 나를 집으로 데려와 같이 지내 달라고도 했다. 또 무슨 문제가 생겼을 때, 내가 도움을 청할 수 있는 어른이 되어 달라는 부탁도 빼놓지 않았다. 그래서 처음에 나는 그들을 앤트(Aunt) 메리, 엉클(Uncle) 데이비드라고 불렀다. 이모나 삼촌 같은 개념으로 말이다.

전액 장학금을 주면서까지 나를 초청해 준 오버브룩의 교장 선생님과 이사님들에겐 미안했지만, 나는 그곳에서 계속 공부를 하지 못했다. 내가 꿈꿨던 학업 환경이 아니었기 때문이다. 한국에서는 맹학교 학생도 일반 학교 학생이 쓰는 교과서를 사용하면서 공부했었다. 글이 점자라는 것 외에는 크게 다른 점이 없었다. 그런데 오버브룩은 다른 미국 맹학교들과 마찬가지로 학생의 지적 수준에 따라 학업 내용에 차등을 뒀다. 한국과 비교했을 때 학생들의 학구열이 그리 높지도 않았다. 나는 한국으로 돌아가야 할지도 모른다는 고민에 빠졌다. 그런 나에게 오메셔 부부는 자신의 집에 살면서 근처에 있는 일반 고등학교에 다니라는 제안을 해주었다. 그 말이 나를 미국에 머물도록 붙잡았다. 얼마 되지 않아 나는 아주 자연스럽게 그들을 맘과 대드라고 부르기 시작했고, 그들의 자녀들도 자연스럽게 '리틀 브라더(Little Brother)', 그러니까 막냇동생이 되었다.

아버지 데이비드의 아흔한 번째 생일상. 식탁에는 내 아내 그레이스가 준비한 불고기와 잡채, 만두와 김치와 밥, 그리고 메인주에서 여섯 시간 운전해서 온 누나 마르타가 만든 샐러드가 차려져 있다. 주방에는 오메셔 가족의 최고 디저트, 아버지가 손수 만든 사워크림 애플파이 두 개가 오븐에서 갓 나와 식고 있다.

나를 키운 부모의 모습을 본 형 데이비드와 누나 마르타는 그들 자신도 아이를 입양했다. 내 조카 브라이스와 매슈는 흑인이고, 조카사위인 대니얼은 콜롬비아에서 온 친구다. 또 할아버지 생신 파티에 오지 못한 마르타의 딸은 과테말라에서 왔다. 결국 같이 밥을 먹은 식구 중 백인은 4명뿐이었고, 한국인 3명과 흑인 2명, 그리고 콜롬비아인 1명이 식탁에 둘러앉았다. 우리는 이렇게 찬란한 가족을 가능케 해 주신 아버지 데이비드의 생신을 함께 축하했다.

그러고 보면 나와 아내 그레이스가 우리 딸 예진이를 한국 보육원에서 데려와 키우게 된 것도 사실 오메셔 가족에게는 그리 특이한 일이 아니다. 하지만 한국 사람들은 아직도 이런 가족 관계를 쉽게 이해하지 못하는 것 같다. 예진이가 우리 가족이 된 2014년 4월 이후, 왜 딸의 성이 나머지 식구들의 성과 다르냐는 질문을 한 사람들은 미국에 사는 한국인들뿐이었다. 신 씨 세 명과 박 씨 한 명이 기록되어 있는 건강보험 카드를 보면서 고개를 갸우뚱한 미국 의사는 한 명도 없었는데 말이다. 대체 혈연이 뭐기에.

이런 문제가 우리 가족을 더욱 곤란하게 만드는 상황을 근래 나는 알게 되었다. 이번 여름에 우리 가족은 한국에 가려는 계획을 세웠었다. 2주 동안 함께 자가 격리를 하고, 그 후 약 2주를 더 한국에 있기로 했다. 그런데 우리는 이 계획을 취소해야 했다. 예진이가 법적으로 '남'이라는 이유로 격리를 따로 해야 한다는 사실을 알게 되었기 때문이다. 우리 부부는 한국 보육원 출신인 예진이를 7년 넘게 키우고 있지만, 정식 입양 절차는 밟지 않았다. 우리 부부의 국적이 한국이 아닌 탓에 입양 절차가 극도로 복잡했기 때문이다.

대체 혈연관계와 동반 격리 여부가 무슨 관련이 있는지 아무리 생각해도 모르겠다. 비행기를 따로 타고 와도 혈연관계라면 같이 격리해도 되고, 같은 집에서 같이 살아온 식구들이 같은 비행기를 타고 한국에 도착해도 혈연관계가 아니면 다른 곳에서 격리해야 한다는 것은 이해하기 어렵다. 격리는 전염병이 퍼지는 것을 막으려는 정책인데, 여기서 혈연관계가 왜 중요할까?

한국은 혈연을 매우 중요시하는 사회다. 그래서 입양이

널리 받아들여지지 않는 것인지도 모르겠다. 그런데 태어나자마자 버려지는 아이들은 왜 그렇게 많은 걸까? 한국에서 태어난 아기 80명 중 한 명은 보육 시설에 맡겨진다고 들었다. 마음이 무겁다.

2021.05.22.

격리의
터널 끝에는

비행기 기내 방송을 듣고 감격하는 사람이 과연 몇이나 될까. 그중 한 사람이 바로 나다. 1982년 미국 유학을 떠나 2년 후 한국으로 돌아오는 비행기 안, "한 시간 뒤 도착할 예정입니다."라는 방송을 듣고 울컥하고 말았다. 드디어 고국으로 돌아왔다는 생각 때문이었다. 가슴이 뭉클하고 눈가가 촉촉해졌다.

그 뒤로도 몇 번 한국행 비행기를 탔지만 도착 전 기내 방송은 항상 감격스러웠다. 두 번째 에세이집 출간으로 귀국했던 6월 25일에 들었던 방송은 더 남달랐다. 왠지 모를 자긍심, 코로나 방역을 훌륭하게 해낸 모국에 관한 긍지가 느껴진 것이다. 이런 마음은 입국 절차를 밟으며 커졌다. 비행기 타기 전 유전자 증폭(PCR) 검사의 음성 결과를 확인하고 체온을 재는 것은 물론, 군 병력까지 투입해 입국자 휴대폰에 자가 격리 앱을 설치하도록 도운 것도 인상적이었다.

과할 정도로 꼼꼼한 측면도 있었다. 한국에 직계 가족이 있다는 사실과 격리 중 머무를 숙소에 관한 내용을 서류로 제출해야 했다. 외국에서 바이러스에 감염된 사람들이 들어오는 것을 막고, 만약 감염자가 왔다 하더라도 그들을 일정 기간 격리함으로써 국민이 감염되는 것을 막기 위해서였다. 이 모든 절차가 잘 진행되고 있다는 것을 온몸으로 느꼈다.

한국이 방역 선진국이라는 데에는 두말할 나위가 없다. 다른 나라의 인구 10만 명당 코로나 '확진자 수'와 '사망자 수'를 보라. 선진국으로 불리던 미국(10,256/184명), 영국(7,737/190명), 독일(4,472/109명), 그리고 일본(655/12명)의 상황은 지난 14일 기준 이렇다. 반면 한국의 인구 10만 명당 확진자와 사망자는 338/4명이다.

나와 아내 그레이스는 '기꺼이' 한국 정부가 요구하는 2주 자가 격리를 했다. '백신을 맞고 PCR 음성 판정까지 받은 우리가 격리하는 게 무슨 의미가 있나?' 하는 의문이 들기도 했다. 하지만 지금 이 시각에도 방역을 위해 고생하는 분들이 있다. 백신을 맞은 우리가 비행기에서 감염돼 한국인들에게 옮길 수도 있으니, 우리는 가이드라인을 잘 따랐다.

격리가 종료되는 시점인 7월 9일 정오가 오기만을 기대하며 남은 시간을 견뎠다. 소셜미디어 친구들에게 "9일 12시가 되자마자 두부 들고 집 앞으로 찾아오라."고 농담도 했다. 코로나 검사를 위해 나간 것을 제외하면 문밖으로 한 발짝도 나갈 수 없었다. 내 생애 가장 답답했던 2주였다.

아니 그런데 이게 웬일? 격리 종료 한 시간 전 정부가 중대 발표를 했다. 코로나 거리 두기 규칙을 4단계로 격상한다는 내용이었다. 코로나 팬데믹 이후 가장 엄격한 조치였다. 며칠 동안 확진자 수가 계속 증가한 데 따른 조치였다. 하루에 1,200명 이상 감염되는 추세는 얼마 있지 않아 2,000명, 4,000명까지도 늘어날 수 있다는 추정도 나왔다.

한국의 방역 성공에 가장 큰 몫을 한 건 국민이다. 대부분 국민이 정부의 거리 두기 규칙을 잘 따랐다. 미국에는 정부가 요구하는 방역 규칙을 무시하거나 마스크 착용도 거부하는 이가 많다. 격리와 모임 인원 줄이기, PCR 검사와 백신 접종. 이 모든 것을 정부가 시민의 자유를 빼앗는 것으로 여기는 미국인이 많다. 그러니 어찌 한국에 와서 놀라지 않을 수가 있겠나.

 진짜 놀라운 광경은 거리 두기 4단계가 실행되기 직전에 펼쳐졌다. 만약 미국에서 오는 월요일(12일)부터 2인 이상 모임을 금지한다는 발표가 나왔다면, 전날 주말 전국의 모든 식당은 사람들로 바글바글했을 것이다. 그런데 나와 아내가 10일에 방문한 식당엔 우리밖에 없었고, 다른 예약은 모두 취소돼 식당 주인은 곧 문을 닫을 거라고 했다.

 가장 큰 피해자는 자영업자들일 것이다. 한창 장사를 해야 할 저녁 시간에 2인 이상 손님을 못 받는다니. 수입은 크게 줄 것이고 이런 상황이 지속되면 아예 문을 닫는 업체도 많아질 것이다. 최근 한국 정부의 방역 조치는 그래서 문제가 있어 보인다. 질병관리청은 6월 말쯤까지도 거리 두기 규칙을 개편해 7월 첫 주를 이행 기간으로 두며 6인까지 사적 모임을 허용하려 했다. 하지만 확진자가 늘자 기존 거리 두기 2단계(4인 허용)를 유지하다 지난 9일 개편된 거리 두기 4단계(2인 허용)로 곧바로 격상했다. 그간의 추이만 보면 급격한 확진자 증가는 예견할 수 있는 일이었다. 국내 신규 확진자 수는 벌써 6월 25일 600명이 넘었고, 6월 30일엔 750명 이상이었다. 그때 더 빨리 움직였다면 지금과 같은 심한 규제는 피할 수 있지 않았을까.

K 방역의 가장 안타까운 점 하나를 꼽으라면, 거리 두기 단계가 확진자 수에 따라서 왔다 갔다 하는 점이다. 코로나 확진 판정을 받는 사람 중에는 무증상 감염자도 있을 것이다. 증상이 가벼운 이들도 많다. 중증 감염자 수와 사망자 수도 방역 규칙을 조절할 때 주요 변수로 고려하는 것이 현실적이지 않을까. 코로나 사망자 수만 따지면 한국은 다른 나라보다는 코로나 상황이 그리 심각하지 않다.

성공적인 방역, 그리고 국민의 살림살이 중 뭐가 더 중요할까? 정답은 '둘 다'다. 급증하는 코로나 확진자 수를 무시할 수 없지만, 그렇다고 계속 경제 활동을 억누를 수도 없는 노릇이다. 많은 것들이 그렇듯이 방역 규칙도 균형을 잡아 여러 형태의 손해를 최소한으로 줄이는 것이 중요하지 않을까 싶다.

2021.07.17.

냉정과
화병(火病) 사이

내 나이 쉰넷. 미국에서 39년을 살아도 한국은 언제나 가고 싶은 나의 모국이다. 어쩔 수 없이 두고 떠난 사랑하는 이가 많다. 그래서 그럴까? 한국에 다녀온 후에는 항상 후유증이 있다. 쇠약한 부모님 생각에 미국에 정착한 것을 한동안 후회한 적도 있고, 정안자들과 경쟁이 점점 심해지면서 생계가 어려워진 시각장애 친구들 생각에 가슴앓이한 적도 있다. 보육원 아이들과 시간을 보내고 온 뒤에는, 어떻게 하면 그 아이들을 미국으로 데려올 수 있을까 하는 고민에 잠기기도 한다. 올해 7월 말, 다시 모국을 떠나 미국으로 돌아온 뒤에도 좀처럼 뇌리를 떠나지 않는 감정이 있었다. 그건 바로 '화'였다.

 6월 말부터 2주 동안 나와 아내는 서울 용산구에 있는 한 에어비앤비에서 자가 격리 생활을 했다. 매일 오후 근처에서 아이들 노는 소리가 크게 들리는 곳이었다. 알고 보니 옆에 보육원이 있었다. 나와 지인들이 한국 보육원 아이들을 위해 운영하는 '야나 미니스트리'와 연관된 곳은 아니었지만, 거기 사는 아이들과 직원들이 겪고 있을 상황을 충분히 짐작할 수 있었다.

 코로나 시국이 시작되자 보육원 아이들은 학교 가는 것 외엔 외출이 어려웠다. 학교에서 대면 수업이 허락될 때를 제외하면, 아이들은 거의 1년 반 동안 시설에 갇혀 살아왔다. 아기들을 안아 주고 아이들의 학업을 도와주는 봉사자 출입도 제한된 지 오래다. 그래서 에어비앤비 옆 보육원 선생님들도 아이들에게 하루에 한 번씩 앞마당에 나와 놀 수 있는 시간을 준 것이리라. 조금이나마 답답함을 풀라고.

 나는 아이들 소리를 좋아한다. 아기 웃음소리부터 아이들이 지르는 즐거운 비명까지도. 그런데 신나게 노는 아이들 소리가 이번엔 어쩐지 씁쓸하기만 하다. 미국의 가장 혹독한 교도소 생각도 난다. 그런 시설에서도 죄수들에게 햇빛 볼 수 있는 시간을 매일 60분 준다고 들었다. 더 기막힌

점은 이 아이들과 함께 생활하는 사회복지사들이 백신을 맞을 차례가 불과 얼마 전에야 왔다는 사실. 아이들의 안전과 건강을 위해 외출과 봉사자 출입을 제한했다면, 적어도 백신 맞는 우선순위는 아이들 보살피는 직원들에게 먼저 줘야 하지 않았을까.

또 하나 잊기 힘든 기억은 아내가 설명해 준 서울 명동과 남대문 등의 모습이다. 많은 상가가 문을 닫아 유령 도시가 된 듯한 풍경. 얼마나 많은 사람의 생계가 사라진 걸까? 거리 두기 4단계가 오랫동안 계속되면서 더 힘들어진 이도 많다. 이런 상황이 피할 수 없는 선택이라면 할 수 없지만, 아무리 생각해 봐도 이해할 수 없는 것이 하나 있다. 같은 환경에서도 사업이 잘되는 식당들, 오히려 장사가 더 잘되는 식당들이 있다는 사실이다. 미국에서 알고 지내던 분이 경영하는 식당에 간 적이 있는데, 그분이 그랬다. 자신이 경영하는 식당들은 수입이 늘었다고. 나는 이것이 이해할 수 없는 거리 두기 방법에서 비롯되었다고 생각한다.

식당에서 효과적인 거리 두기를 하려면 테이블과 테이블 거리를 넓히면 된다. 100개의 테이블을 놓고 장사하던 가게도, 실제 사용하는 테이블을 25개나 50개로 제한하면 되는 것이다. 그런데 한국은 함께 식사할 수 있는 사람 수를 제한하는 방법을 택했다. 지난 7월 12일부터, 오후 6시 전엔 4명까지, 6시 후엔 2명까지. 이 정책이 어떤 결과를 가져올지 짐작 못 했다고 해도, 식당을 다녀 보면 문제가 뭔지 훤히 보인다. 인기 있는 식당은 테이블당 명수 규칙을 지키면서도 바글바글 차 있고, 그렇지 못한 곳들은 텅텅 비어 있다. 결국 거리 두기 효과는 없고, 문을 닫아야 하는 자영업자와 소상공인은 많아진다는 계산이 나온다.

세상에 불공평한 것이 이뿐일까? 지구온난화가 세계적으로 심각한 이슈가 된 요즘, 나는 사람들 마음의 온난화가 더 걱정된다. 미국과 마찬가지로 한국에도 마음이 화로 차 있는 국민이 많다는 생각을 해 왔다. 예를 들어, 고객 서비스 센터에 전화할 때마다 직원들에게 폭언이나 욕설을 하지 말아 달라는 안내 방송을 듣곤 했다. 고객이 하는 말을 이해하지 못해 몇 번이나 되묻고, 일 처리도 '세월아 네월아' 스타일로 하는 미국에 비해, 한국은 고객 서비스 선진국이다. 한국 고객 센터 직원들은 정중하고 요청을 빨리 이해하고, 일 처리도 잘한다.

그런데 이들에게 폭언과 욕설을 하는 사람이 얼마나 많았으면, 이를 아예 법으로 금지해 놓았을까? 많은 사람이 마음속 화를 풀기 위해 고객 센터 직원들을 괴롭히는 게 아닐까. 2016년 1월부터 신문 칼럼을 기고해 온 나 역시 욕설을 포함한 댓글을 자주 받는다. 반대 의견이라기보다는 그저 화풀이하는 댓글이 많다.

뜨거운 '화'가 내 마음에 들어서면, 결국 화상을 입는 건 나다. 화병만큼 건강에 해가 되는 것도 많지 않다. 그러니 냉정을 연습하자. 불공평을 무시하라는 말이 아니라, 화를 조절하고, 할 수 있는 일을 찾아보자는 말이다. 갇혀 있는 보육원 아이들을 지원하는 방법을 알아보거나, 손님이 없는 식당에 가서 식사하는 것. 화를 내는 것보다 우리에게, 또 어려움을 겪는 이웃에게 득이 되는 대안이 틀림없이 있을 것이다.

2021.09.04.

4장

오늘은 퍼펙트데이, 거의
- 단상들

멘탈 픽처, 아빠와 사슴 가족

디어 콧 인 헤드라이츠.(Deer caught in headlights.) 어둠 속에서 갑자기 나타난 헤드라이트 불빛에 놀라 얼어 버린 사슴처럼, 요즘 황당한 상황을 더 자주 마주하게 되는 것 같다. 몇 달 사이 다섯 배나 뛴 주식을 어제 팔았는데, 오늘 아침 20% 더 오른 걸 볼 때. 정부 혜택을 받으려고 평생 모아 온 재산을 자식 명의로 옮긴 뒤, 그 큰돈을 어떻게 투자해야 할지 떳떳하게 묻는 교회 어르신들의 전화를 받을 때. 반이민자 대선 주자를 열성적으로 응원하는 이민자들의 외침을 들을 때…….

그럴 때마다 나는 미국인 아버지, 대드가 내 마음속에 그려 준 한 장의 멘탈 픽처(Mental Picture)를 떠올린다. 퇴근 직후 전화 드렸을 때, 대드는 창가에 앉아 금빛 황혼에 비친 사슴 가족을 바라보고 있다고 했다. 나무 밑에 떨어진 사과와 배(Pear)를 먹고 있는 사슴들, 온 세상 걱정 하나 없는 것처럼 보이는 사슴들.

"천둥 번개가 치고 폭우가 쏟아질 땐 사슴들은 어디로 갈까요?" 내가 물었다.

"내 눈에는 보이지 않지만, 숲속 어딘가에 그들의 보금자리가 있을 거야." 대드가 말했다.

왠지 마음이 평안해진다.

2024.08.28.

* 멘탈 픽처: 실제 사진이나 그림이 아니라, 어떤 상황이나 생각을 상상하거나 기억할 때 마음속에 그려지는 이미지나 장면.

아내의 가늘어진 팔

그레이스의 생일이 이틀 뒤로 다가왔다. 생일 선물 얘기를 오랫동안 했는데, 계속 필요한 것이 없다고 한다. 아내는 모를 것이다. 이번 생일이 왜 특별한지. 그레이스는 돌을 포함해 미혼으로 X번의 생일을 맞았다. 올해 생일은 기혼으로, 즉 내 아내로 맞는 X+1번째 생일이다. 인생 반 이상을 나와 함께 살게 된 그녀에게 더 잘해 주고 싶다. 그런데 어제는 아내에게 많이 미안한 일이 있었다.

아들 데이비드는 집에서 차로 두 시간 반 거리에 있는 대학에 다닌다. 어제는 2학년 1학기를 시작하는 아들을 학교로 데려다주는 날이었다. 아들의 짐으로 가득 찬 SUV를 아내가 운전해 우리는 학교로 향했다. 도착 직전 데이비드가 알려 주었다. 이번엔 2층 기숙사 방이 배정됐다고. 그런데 지하에 있는 현관문이 그 방과 가까우니 거기로 가자고.

주차 후 작업이 시작되었다. 무거운 가방들과 큰 박스 몇 개를 계단으로 옮기는 일이었다. 아내와 아들은 나에게 짐을 지키는 일을 맡겼다. 시각장애인인 나는 익숙지 못한 환경에서 짐을 옮기는 일을 할 수 없기 때문이다.

돌아오는 차 안, 아내가 팔을 주물러 달라고 한다. 나는 그레이스의 오른팔을 안마하기 시작했다. 거의 30년 동안 내가 잡고 다니던 그 팔, 손목 위가 더 가늘어진 것 같았다. 이 팔을 처음 잡았을 때, 나는 상상했었다. 그레이스는 매우 날씬한 여자인가 보다 하고.

집에 도착한 뒤, 나는 아내를 와락 껴안았다. 아내가 더 작아졌나? 아내는 정리할 것이 많다며 내 품에서 재빨리 빠져나간다. 아무래도 아내에게 딱 맞는 생일 선물은 없는 것 같다. 현찰? 로또 당첨이 되지 않는 이상, 내 마음을 충분히 표현할 만한 액수는 불가능하다.

2024.09.03.

'와우!'
다음은 뭘까?

두 달 전 대학 친구 M에게서 왓츠앱 메시지가 왔다. AI 반도체 회사 엔비디아 주식에 대해 어떻게 생각하느냐는 질문과 함께. 두 달 만에 50%나 상승한 주가가 걱정된다는 내용이었다. 그때까지 나는 이 회사 주식이 핫하다는 것만 알았지 관심은 별로 없었다. 하지만 그 뒤로 나는 친구 덕분에 엔비디아 주가에 관심을 갖게 됐다.

8월 마지막 주는 증시가 무척 한가해지는 시기다. 많은 월가 직원들이 휴가를 가고, 9월 초 노동절 휴일을 앞두고 모든 것이 슬로다운된다. 그런데 8월 마지막 주에는 많은 이들을 기대와 두려움 사이를 오가게 하는 핫 뉴스가 있었다. 바로 오후에 발표될 엔비디아의 2분기 실적 보고였다. 이번에도 기대치를 훨씬 넘는 실적과 예상으로 주가가 껑충 뛸까? 아니면 오랜만에 실적이 좋지 않아 폭락하게 될까?

그날 증시 마감 후 나온 엔비디아의 실적은 모든 기대치를 초과했다. 매출은 1년 전보다 122%나 증가했고, 3분기 매출 증가 예측도 79%나 된다고 발표했다. 그러나 주가는 즉각 하락하기 시작했다. 세 시간 후쯤 확인했을 때 주가는 약 7%가 빠진 상태였다. 뉴스 헤드라인은 이 상황을 이렇게 설명했다. 기대치는 넘겼지만 투자자들을 '와우(Wow)'시키지 못하는 실적이었기에 주가가 크게 하락했다고.

월가에는 공식 기대치가 있고, 비공식 기대치인 위스퍼(Whisper, 속삭임) 기대치도 있다. 아무리 공식 기대치를 넘었어도 위스퍼에 미치지 못하면 주가가 흔들린다. 이제는 위스퍼 기대치로도 모자라 와우 기대치가 생겼나? 그러면 그 다음은 뭘까? 아들이 아기 때, '와우'보다 더 큰 건 '와위'라고 했다. 엔비디아 경영진에게, "이제부턴 '와위' 기대치를 넘겨야 하지 않을까요?" 하고 말하면 어떤 표정을 지을까?

2024.09.03

'우리'에 갇힌 강아지

지난 5월, 아내 그레이스의 강아지가 죽었다. 한 살 때쯤 어미개와 같이 우리 집에 입양된 애완견을 어린 아들은 '플러피'라고 부르자고 했다. 『해리 포터』에 나오는 머리가 세 개인 괴물 개의 이름을 따서. 하지만 15년 반의 삶을 마치고 무지개다리를 건넌 플러피는 귀엽고, 몸집도 꽤 작은 시추 종 강아지였다. 괴물 같은 모습이나 행동은 전혀 찾아볼 수 없는.

플러피를 보내고 아내는 깊은 고민에 빠졌다. 또 다른 강아지를 키워야 하나? 지난 몇 년 동안 그레이스는 플러피가 자신의 마지막 강아지가 될 것이라고 누누이 말해 왔다. 가장 큰 문제는 우리가 여행을 떠날 때, 강아지를 다른 사람이나 시설에 맡겨야 한다는 점이었다. 이젠 더 자유롭게 여행을 하기 위해서라도 강아지는 더 이상 안 키우겠다는 아내의 결심이 결국 깨질 수도 있겠단 생각을 내심 했었는데, 며칠 전 친구 S 부부가 자신들의 강아지를 나흘만 맡아 달라는 부탁을 해 왔다. 그래서 어제 낮에 S의 아내가 한 살도 채 안 된 웰시코기종 코나를 맡기고 갔다.

자정이 좀 넘은 지금, 코나는 거실에 있고, 나는 아래층 오피스에, 아내는 위층 침실에 있다. 가끔 코나가 짖는 소리가 들려온다. 어린 강아지들을 혼자 재우기 위해 제작된 우리에서 코나가 잘 잔다는 말을 들었는데, 왜 이리 짖어 대는 걸까? 시간이 좀 지나면 잠이 들까?

갓 태어난 강아지 훈련에서 사용되는 우리. 이것이 그들에게 편안함, 안전감, 보호의 느낌을 준다는 주장을 자주 들었다. 그래서 이런 우리 훈련(케이지 트레이닝)을 강력히 추천하는 전문가들도 있다. 금속으로 만든 우리 안에 갇혀 있는 것이 편안하고 안전한 느낌을 받게 한다나? 과연 그럴까?

어릴 때부터 어쩔 수 없이 무언가를 해야 한다면 결국 익숙해져 받아들이게 될 것이다. 그러나 마야 앤젤루(흑인 여성 작가, 인권운동가)가 얘기하지 않았던가? 새장에 갇힌 새가 왜 노래하는지. 어릴 적부터 나의 의지와 상관없이, 내 선택이 아니었음에도 어쩔 수 없이 받아들이게 된 것들 중에서 지금까지 나를 가두는 것은 뭘까? 어떤 이들에 대한 나의 견해가 편견이 아니라 틀림없는 사실이라는 생각? 내가 듣고 싶어 하는 내러티브에 대한 절대적 믿음? '우리'와 '그들'로 나뉜 세상에서 살아남기 위해서는 그들을 넘어서고 이겨야 한다는 조바심?

  코나를 우리에서 꺼내 줘야겠다는 생각을 하며 계단을 오른다.

2024.09.12.

오늘은 퍼펙트데이, 거의

이런 날도 있네. 우선, 주식이 큰 폭으로 떨어졌다. 증권을 매입하는 바이사이드에 있는 내겐 하락, 폭락 등이 더 많은 기회를 가져다준다. S&P 500 지수 2% 넘게 하락, 나스닥 3%+ 폭락, 최근에 내가 개인적으로 산 주식 1.6% 상승, 조만간에 사려고 눈여겨보고 있는 주식 거의 5% 하락, 내가 지극히 싫어하는 사람이 대표인 회사의 주식 7% 넘게 하락. 게다가 내가 생각했던 가격보다 싸게 채권도 살 수 있었다. 1500만 달러밖에 거래가 되지 않아 아쉬웠지만, 그래도.

그런데 퇴근길에 도와주겠다며 내게 다가온 한 여인의

친절을 무례함으로 보답한 것 같아, 마음이 매우 불편하다. 출퇴근길에 기차를 갈아타기 위해 나는 시코커스 정션(Secaucus Junction)이라는 역을 통과한다. 오늘은 맨해튼에서 타고 온 기차가 늦어져서 다음 기차 출발 시간 5분 전에 시코커스 역에서 빨리 걷기 시작했다. 티켓을 스캔해야 하는 게이트에 다가가고 있을 때 직원이 내게 물었다.

"어디로 가세요?"

나는 내가 항상 사용하는 게이트로 발걸음을 옮기며 답해 주었다.

"트랙 G."

그녀는 자신이 문을 열어 주겠다며 내게 오른쪽으로 오라고 말했다. 수많은 게이트 옆에는 직원이 열 수 있는 큰 문이 있다.

"노 땡스.(No thanks, 괜찮아요.)"

자신의 말을 듣지 않자, 그녀는 한술 더 뜬다. 내가 혼자 에스컬레이터를 쓸 수 없을 테니까, 고객 센터에 연락을 하겠단다. 나는 티켓을 손에 쥐고 그녀 쪽으로 다가갔다.

"저를 도와주시려는 건 알겠지만 이건 제가 거의 매일 하는 거라서 괜찮아요."

그렇게 말하고 나는 다시 내가 사용하는 게이트 쪽으로

몸을 돌렸다. 그녀는 내가 문을 통해 나가는 것이 더 좋을 거라고 말했다. 나는 대답하지 않고, 발걸음을 재촉했다.

1분을 남겨 놓고 트랙 G에 도착한 뒤에 나는 내가 너무 무례하게 군 것 같다는 생각이 들었다. 다음 기차는 항상 있지 않나? 도와주겠다는 그녀에게 차근차근 얘기를 해 주었어야 했다. 시각장애인에게는 위치와 방향이 매우 중요하다고. 그녀의 말대로 익숙하지 않은 문을 통해 나갔다면, 나는 정말 직원의 도움이 필요할 정도로 길을 잃었을 거라고. 내가 사용하는 게이트와 직원이 열어 주는 문이 90도가 아닌, 미처 예상하지 못한 각도로 배치되어 있어서, 친절한 말을 듣고 그 문으로 나갔다가 길을 잃었던 적이 있었다고.

왜 항상 이런 생각은 몇 분 늦게 하는 걸까? 집에 20분 늦게 도착한다고 무슨 큰일이 생기는 것도 아닌데.

2024.09.12.

정말
내 탓이 아닐까?

나는 라디오 드라마를 좋아한다. 화면 해설이 없어도 내용을 이해할 수 있기 때문이다. 특히 매주 한 번 방송되는 「KBS 무대」는 내가 즐겨 듣는 프로그램 중 하나다. 거기서 얼마 전 들었던 「사과값을 내려 주세요」는 마음을 따뜻하게 해 주었을 뿐만 아니라, 내가 품고 있던 의문 하나를 더 깊이 생각해 볼 기회를 주었다.

이 드라마는 한 청년이 과수원 주인에게 불쑥 찾아와 사과값이 너무 비싸다며 항의하는 장면으로 시작된다. 알고 보니 이 청년 정우는 뮤지컬 배우를 꿈꾸지만, 아버지 제사상에 올릴 사과조차 살 수 없을 만큼 가난했다. 너무 비싼 사과값을 탓할 사람이 없어서 자신에게 항의한 것 같다는 생각을 하게 된 과수원 주인 민식은, 과수원에서 가장 오래된 '할머니' 사과나무 아래에서 비를 맞으며 쓰러져 있는 정우를 발견하고 병원으로 데려간다. 치료비를 빌려주고, 죽을 사 주고, 잘 곳을 마련해 주면서 민식은 정우를 보살핀다. 과수원에서 며칠 일하게 된 정우를 위해 과수원 패밀리 라운지에 사과나무를 심어 주기까지 한다. 정우가 어머니 댁으로 떠날 때, 민식은 사과 한 박스를 주며 뮤지컬 배우로 성공하지 못한 것이 결코 정우의 탓이 아니라고 그를 위로해 준다.

이 드라마를 들으며 나에게 생긴 고민을 아내 그레이스에게 말한다면, 또 쓸데없이 따지고 든다고 뭐라 할 것이다. 계속 오디션에서 떨어지면서도 뮤지컬 배우 꿈을 포기하지 못한 정우. 그래서 3년 넘게 사귄 여친에게도 미안한 마음에 일방적으로 이별을 통보하기도 했다. 극 중에서 정우는 모든 일의 책임을 전적으로 자신의 탓으로 돌리는 인물이다.

물론 나는 일이 잘 풀리지 않는 한 사람의 인생이 100% 그 자신의 잘못이라고 생각할 수는 없다고 본다. 그렇다고 전혀 그의 책임이 아닌가? 그 역시 아닌 듯하다. 예를 들어, 내가 앞을 못 보는 것은 내 탓이 아닐 수 있어도, 내가 아직

날씬하고 근육이 우람한 멋진 사람이 못 된 것은 분명 내 책임이 크지 않은가.

　며칠 동안 가끔 이 의문을 머리에 떠올리며 고민을 계속했다. 과연 무엇이 내 탓이고, 무엇이 내 탓이 아닐까? 그러다가 문득 떠오른 생각 하나가 있었다. 자신을 탓하는 이의 상황에서는 외부적 요인의 비중이 클 수 있고, 남을 탓하는 이의 상황에서는 그 자신의 책임이 더 클 수 있다는 것이었다. 항상 남이나 외부적인 요인을 탓하는 사람은 자신을 더 발전시킬 기회를 잃을 테고, 따라서 계속 그런 이유로 삶이 잘 풀리지 않을 수 있다. 반면, 자신의 부족함을 인정하고 계속 발전을 추구하는 사람은 언젠가 삶이 잘 풀리는 행운을 만들어 낼 수도 있지 않을까?

　결국, 인생의 여정이 이상적이려면 자신을 탓하는 '나'와 동시에 그게 아니라고 얘기해 주는 '그'가 모두 필요한 것이 아닐까 싶다.

2024.09.23.

베팅하지 않는 사람들

2024년 9월 18일은 특별한 날이었다. 널리 알려져 있듯, 미연방 공개시장위원회(FOMC)는 6~7주마다 화요일 오전부터 수요일 오후까지 회의를 열어 통화 정책을 논의한다. 그러고 나서 수요일 오후 2시, 금리에 관한 발표가 뉴스망을 통해 전해진다. 그런데 오래전부터 FOMC의 결정은 회의에 앞서 위원들의 강연이나 미디어 언급을 통해 미리 알려지곤 했었는데, 이번 회의만큼은 달랐다.

9월 18일 오후 1시 50분쯤. 나와 몇몇 동료들이 대화를 나누기 시작했다. FOMC가 금리를 내릴 예상은 기정 사실이었다. 그보다 더 큰 의문은 금리 하향 조정이 0.25%를 의미하는 '베이비 스텝(Baby Step)'이냐, 아니면 0.5%를 의미하는 '빅 스텝(Big Step)'이냐였다.(베이비 스텝, 빅 스텝은 한국에서 만든 말이다.) 1주 전까지만 해도 시장 거래 패턴은 베이비 스텝에 65% 가능성을 주고 있었다. 그런데 며칠 만에 빅 스텝에 65% 가능성을 주는 것으로 거래 패턴이 바뀌었다.

나는 동료들에게 제안했다. 10분도 안 남은 FOMC의 결정에 대한 베팅을 한번 해 보자고. 애널리스트 한 사람 한 사람에게 각자의 예측을 말해 보라고 했다. 그러나 우리는 거의 다 베이비 스텝이 더 신중한 결정일 거란 말을 할 뿐, 나를 제외한 누구도 구체적인 예측을 한다거나 몇 달러를 걸겠다는 사람은 없었다. 결국 FOMC가 금리를 0.5% 내린다는 발표가 2시 정각에 나왔고, 우리는 모두 하던 일로 돌아갔다. 왜 이렇게 다들 재미가 없는지 원.

우리 회사 투자 직원들의 그런 태도는 어쩌면 당연했다. 우리가 하지 않는 것 중 하나가 금리의 방향을 추측하는 일이다. 우리는 증시 전체의 방향을 예측할 수 없듯이, 금리도 일관성 있게 성공적으로 예측해 내는 투자자나 기관이 없다고 믿는다. 다만 기업과 발행사의 견고함을 판단하고 가치를 모델링해서, 고객과 우리의 자산을 투자하는 일에 집중할 뿐이다.

   그래도 아쉽다. 거의 유일하게 빅 스텝에 베팅을 하려고 했었는데, 이 내기를 받아들인 동료가 있었다면, 적어도 점심 한 끼 값은 받아 낼 수 있었을 텐데 말이다.

2024.09.30.

선택에 따라
감당해야 하는 것들

매주 토요일 나는 한국에 계신 어머니께 전화를 드려 왔다. 적어도 30년 동안 어김없이 해 온 일이다.

며칠 전 통화에서도 어머니는 우리 식구들이 잘 지내고 있느냐고 물어보았다. 매주 이틀은 재택근무를 하는 나, 배탈이 나서 고생 중인 아내 그레이스, 이번 학기 수업을 즐기고 있는 아들 데이비드, 그리고 졸업반이라 병원에서 정규 실습을 시작한 딸 예진이에 대한 이야기를 전했다. 며칠 전 나와 그레이스에게 각각 따로 전화를 했던 예진이에 대한 소식은 더욱 상세히 알려 드렸다.

예진이는 몇 주 전부터 클리블랜드 클리닉 중환자실에서 주 3회, 저녁 7시부터 다음 날 아침 7시까지 간호사 실습을 하고 있다. 정직원 간호사의 감독이 필요한 부분이 있지만, 두 명의 환자를 책임지고 돌보며 정규 간호사와 거의 비슷한 일을 하고 있다고 했다. 그런데 지난주 초, 예진이가 돌보던 환자 한 분이 돌아가셨다고 한다. 처음으로 자신이 맡은 환자의 사망을 보게 된 예진이는 괜찮다고 말했지만, 목소리는 괜찮지 않았다. 이 이야기를 나에게 전해 들은 어머니는 스스로 선택한 직업이니 그런 경험은 피할 수 없을 거라고 말씀하셨다. 말씀은 냉정해 보였지만, 목소리에서는 손녀를 걱정하는 마음이 분명히 느껴졌다.

어머니의 말씀을 들으며 나 역시 생각에 잠겼다. 형이나 동생처럼 매주 찾아뵙지 못하고 전화로만 연락할 수밖에 없는 나와 어머니. 연세가 여든이 넘어가면서부터는 대화의 주제가 줄어들고, 기억력이 희미해지면서 같은 대화를 되풀이하는 경우도 빈번해졌다. 이 모든 것이 먼 곳에서 정착을 선택한 내가 감당해야 할 아픔이다. 어머니 역시 나를 유학 보내는 것이 최고의 선택이라고 여겼겠지만, 1년에 한두 번 볼까 말까 하는 이런 미래를 예상했는지는 잘 모르겠다.

전화해 줘서 고맙다는 말씀과 함께, 또 통화를 하자며 전화를 끊으려는 어머니의 인사를 듣는다. 그 끝에 들릴 듯 말 듯한 어머니의 흐느끼는 소리. 오랫동안 나는 그 소리를 듣지 않으려고 먼저 전화를 끊곤 했다. 그러나 얼마 전부터는 그런 비겁한 행동을 멈추었다. 한국으로 돌아가지 않은 나의 선택, 그리고 그로 인한 아픔은 결국 나 스스로 감당해야 하기 때문이다.

2024.09.30.

더 미루면 안 돼

한국에는 태풍이 온다면, 미국에는 허리케인이 온다. 9월 말 플로리다주에 상륙하여 조지아주와 노스/사우스캐롤라이나주 등 남동부에 피해를 준 허리케인 헬린은 플로리다주립대가 있는 탤러해시 지역을 먼저 강타했다. 아들 데이비드가 가려고 했다가 마음을 바꾼 학교라, 나는 그저 다행이라는 생각만 할 뿐 크게 신경을 쓰지 않았다.

배리 플리트크로프트 목사님은 나를 처음 미국으로 유학 올 수 있도록 도와준 분이다. 한국에서 선교사로 일하고 있을 때, 박배의라는 한국 이름을 썼던 그는 오래전부터 노스캐롤라이나 서부 지역에 살고 있었다. 나이가 팔십이 넘은 목사님 부부가 비행기로 두 시간도 안 되는 거리에 살고 있지만, 직접 찾아뵙는 일은 드물었다. 올해 2월에 가려고 했었는데, 내가 코로나바이러스에 감염되는 바람에 일정을 취소하고 말았다. 그래서 10월 중순에 가기로 하고 비행기와 호텔을 예약했다.

그런데 10월 1일, 호텔 예약 취소 메일을 받았다. 그제서야 나는 배리 목사님께서 살고 있는 곳이 허리케인 헐린의 피해를 가장 많이 입은 지역이란 사실을 알게 되었다. 산이 많은 노스캐롤라이나 서부 지역에는 정전이 되고 물 공급이 중단되었으며, 도로가 막히고 전화 네트워크 시설이 파괴되었다. 목사님께 연락을 해 보았지만 좀처럼 연결이 되지 않았다. 사망자 수가 계속 올라가기만 하다가 200명이 넘었을 때, 나는 두 분의 안전이 걱정되어 지역 방송과 신문 웹사이트를 찾아보기 시작했다.

막내딸 R이 근처 공립학교 선생님이란 사실을 기억해 내고 학교 웹사이트에서 그녀의 정보를 찾아냈다. 그리고 이메일을 보내서 결국 이틀 만에 소식을 듣게 되었다. 다들 안전하고 집에 피해도 없다고 했다. 다만, 발전기를 이용해서 꼭 필요한 전기용품을 써야 할 때만 쓰고 있고, 배급과 딸의 집에 있는 우물로 물 문제를 해결하고 있다고 했다. 허리케인 피해 회복은 아무리 짧아도 7주 이상이 걸릴 거라고도 알려 주었다.

    누구에게도 안전한 내일이 보장되지 않는 건 다 아는 사실이다. 배리 목사님은 내 삶에 큰 은인인데, 나는 항상 건강하게 살아 계실 거라 생각해서 찾아뵐 계획을 계속 미루어 왔다. 그러다 보니 얼굴 뵌 지도 거의 10년은 다 되어 간다. 2~3개월이면 상황이 많이 회복될 거라고 R이 말했으니 이젠 더 미루지 말아야겠다.

2024.10.08.

완전히 틀렸다는 사실을 알게 된다면?

기술 발전 덕분에 나는 여태껏 비장애인과 크게 다르지 않은 삶을 살아왔다. 스크린리더와 점자 디스플레이 등을 통해 직장에서 일도 하고, 현대의 필수품인 스마트폰도 사용한다. 그런데 언제부턴가 기술의 발전 때문에 오히려 일상이 더 불편해지고 있음을 느낀다. 터치스크린으로 조작해야 하는 현금자동입출금기나 자동판매기, 키오스크 등은 타인의 도움 없이 생활하는 것을 거의 불가능하게 만들었다. 치명적이진 않지만 짜증이 날 때가 많다.

2년 넘게 나를 괴롭혔던 문제가 하나 있다. 나는 뉴저지

트랜짓(NJ Transit) 기차와 뉴욕시 지하철로 출퇴근을 하는데, 뉴저지 트랜짓이 게이트를 열어 주는 시스템을 바꾼 것이었다. 이전 시스템은 아주 간단했다. 신용카드 크기의 티켓을 판독기에 넣으면, 기계가 티켓을 빨아들이면서 코드를 읽었다. 그러나 새 시스템은 기계에 직접 티켓을 넣지 않고, 스캐너에 갖다 대어서 코드를 인식하는 방식이었다. 나는 2년 넘게 이 시스템에 대해 불평을 했었다. 아무리 티켓을 스캐너에 갖다 대도, 티켓의 각도를 이리저리 틀고, 심지어는 옆으로 비스듬하게 갖다 대도 게이트가 잘 열리지 않았기 때문이다. 게다가 새 시스템이 변덕스럽게 작동한다고 불평하는 이들이 많아서, 나는 내가 뭔가를 잘못 알고 있다고는 생각하지 않았다. 그 긴 시간 동안 말이다.

그런데 지난주, 스캐너 앞에서 애를 먹고 있는 내게 한 여성이 도와주겠다며 다가왔다. 나는 그녀에게 부탁했다. 티켓을 나 대신 스캔해 주지 말고, 내 질문에 대답해 달라고. 그리고 그녀는 나에게 놀라운 사실 세 가지를 알려 주었다. 첫째, 내가 스캐너라고 생각했던 네모난 판독기의 유리 표면 부분이 실은 스캐너가 아니었다는 것. 둘째, 티켓 코드를 인식하는 것은 기계에 붙어 있는 스캐너가 아니라 기계에서 나오는 빔이었다는 것. 셋째, 티켓의 코드가 내가 생각했던 면이 아닌 반대 면에 있다는 것. 결국, 티켓의 어느 부분에 코드가 새겨져 있는지 알게 되었고, 그 부분을 빔이 인식할 수 있도록 티켓을 들고 있어야 게이트가 열린다는 것을 배웠다.

이 경험은 오래전에 들었던 이야기를 떠올리게 했다. 1980년대에 인기 있었던 여러 시트콤 드라마들을 좋아했던 청각장애인의 이야기다. 대사를 들을 수 없었던 그는 화면만 보고 스토리를 이해하려고 노력했다. 등장인물들의 행동과 표정, 그리고 일어나는 일들을 눈으로만 보고 나름대로 스토리라인을 상상했던 것이다. 그런데 드라마 속 대화를 화면 자막으로 보여 주는 폐쇄자막(Closed Caption)* 시스템이 일반화되면서, 그는 자신이 상상했던 스토리가 거의 완전히 틀렸다는 것을 알게 되었다.

내가 알고 있는 것들. 확신하고 있는 것들. 그중에도 이처럼 빗나간 상상이나 짐작으로 틀린 것들이나 사실과 동떨어진 것들이 있지 않을까? 나이를 먹고 많은 경험을 해서 삶에 대한 몇 가지 결론을 얻게 되는 시기에, 스스로 성숙했

---

* 폐쇄자막: 청각장애인을 위해 실시간으로 모든 음성 내용을 문자로 방송해 주는 서비스. 일반 방송 자막과 달리 시청자가 시청을 원하는 경우에만 화면에 문자가 나타난다.

다고 자신감을 갖기보다는 오히려 내가 잘못 알고 있는 것으로 인해 누군가에게 피해를 주지는 않았나 하는 걱정을 하게 되었다.

2024.10.14.

온화하기로 결심한 그날 저녁

나는 매일 아침 묵상을 하려고 노력한다. 어렸을 때는 묵상의 절차를 만들어 놓고 그것을 순서대로 했었다. 짧은 기도로 시작해서, 성경을 몇 장 읽고, 특별히 마음에 와닿는 구절에 대해 깊이 생각하려고 노력했다. 그리고 긴 기도로 QT(Quiet Time, 경건의 시간)를 마무리하곤 했었다. 그런데 나이가 들면서 꼭 이런 절차를 따르기보다는 말 그대로 조용한 시간을 하나님과 함께 보내기 시작했다. 순간순간 나를 염려하게 하거나, 괴롭히거나, 감사하게 하는 것들을 주제로 소리 내어 기도하기도 하고, 묵묵히 생각에 잠기기도 한다. 좋아하는 찬송가를 흥얼거리기도 하고, 적어도 1년에 한 번은 통독할 수 있을 만큼의 분량으로 성경을 읽기도 한다. 때로는 불평을 늘어놓기도 하면서 먼 하늘나라에 있는 신이 아니라, 내 옆에 있는 하나님 아버지와 시간을 보내는 것이다.

얼마 전, 아침 묵상을 하던 중이었다. 왜 오랫동안 내게 기쁨이 사라졌는지가 그날 나에게 떠오른 주제였다. 2년 넘게 겪은 교회 내의 갈등이 문제였을까? 투자자들의 끊임없는 열정으로 인해 매입할 만큼 저렴한 증권을 찾기 어려워져 회사 일에서도 만족을 느끼지 못한 지 오래였다. 글을 써도 위로나 감동, 혹은 동기부여가 될 만한 에세이는 아니었다. 대신 세상의 잘못된 것들을 지적하고 이에 대한 내 주장을 내세우는 글들이 점자 컴퓨터에 쌓여 갔다. 아내는 내 글에서 따스함이 사라졌다는 말을 자주 했다. 그래서 쓴 글을 아내에게 보여 주지 않은 지도 꽤 되었다.

성경에는 "항상 기뻐하라."는 말씀이 여러 번 나온다. 그중에 내가 그날 아침 찾아 읽은 구절은 빌립보서 4장 4절이었다. 기뻐하라는 권고를 바울이 두 번 연속하는 유일한 성경 구절이다. 문제는, 항상 기뻐하기 위해서는 나의 온화함을 모든 이에게 분명히 나타내야 한다는 점이었다. 그래서 온화한 마음으로 하루를 살고, 앞으로도 계속 다가올 하루도 같은 마음으로 살겠다고 기도했다.

그날 저녁, 퇴근길에 아내에게서 문자가 왔다. 손님과 외식 중인데, 너무 늦게 시작해서 내가 기차역에 도착하는 시간에 맞춰서 데리러 나올 수 없겠다는 문자였다. 순간 화가 치밀었다. 항상 타고 오는 기차 시간을 모르는 것도 아니고, 식사를 막 시작했을 수도 있는데, '뭐야.' 싶어서 센 말투로 답장을 쓰기 시작했다. 그러다 보내기 버튼을 누르기 직전, 아침에 했던 결심이 떠올랐다. 글을 하나씩 지우고 문자를 다시 써서 보냈다.

"걱정 말고, 천천히 디저트까지 먹고 와."

나는 기차역에서 리프트(우버와 같은 서비스)를 불렀다. 15분 넘게 기찻길 옆에서 기다리며 생각했다. 내가 화를 냈다면 아내는 손님 앞에서 매우 곤란했을 테고, 식사도 제대로 못 하고 부랴부랴 나를 데리러 왔을 테다. 게다가 나는 똑같은 시간을, 어쩌면 더 긴 시간을 기다려야 했을 것이다. 화를 내서 해결될 일은 아무것도 없었을 거란 생각을 하면서, 정말 늦게 집에 온 아내를, 내가 좋아하는 디저트도 포장해 오지(!) 않은 아내를 반갑게, 온화하게 맞아 주었다.

2024.10.23.

자랑스러운 유권자의 탄생

지난주 토요일, 나와 아내 그레이스, 그리고 아들 데이비드는 식탁에 둘러앉아 각자에게 배달된 우편물을 열었다. 11월 5일 선거를 위한 투표 용지였다. 팬데믹으로 인해 이젠 미국 유권자의 97%가 우편으로 혹은 선거일 전에 미리 투표할 수 있는 권리를 갖게 되었다. 뉴욕주에 소재한 대학에 다니는 아들은 어차피 우편으로 투표해야 했기에, 나와 아내도 함께 우편 투표를 신청했다. 무엇보다 아들이 이번 선거에 참여한다는 사실이 나에겐 놀라운 일이었다.

데이비드는 2023년에 열여덟 살이 되었고, 나는 아들과 함께 선거에 참여하길 기대해 왔다. 투표는 당연한 시민의 의무라고 믿었고, 국민의 뜻에 따라 나라나 주 등의 지도자를 선출하는 것이 민주주의를 지키는 길이라고 생각했기 때문이다. 그리고 독특한 생각을 많이 하는 아들과 정치에 대해 토론하는 일도 아이가 어른이 되어 가는 과정에서 내가 고대하던 순간이었다. 하지만 열여덟 살이 된 아들은 자신은 정치에 전혀 관심이 없다며 선거 참여를 계속 거부해 왔다.

처음에 아들은 '세대 차이'를 내세웠다. 세금 납부와 배심원 의무는 피할 수 없겠지만, 투표는 임의적인 권리/의무라며 자기 친구들도 정치에 관심이 전혀 없다고 했다. 또 뉴저지처럼 민주당 성향이 강한 주에서는 자신의 한 표가 별 의미가 없다고도 주장했다. 나는 멀지 않은 훗날 나라를 물려받을 젊은 세대야말로 선거에 적극적으로 참여해야 한다고 아들을 설득했고, 뉴저지의 역대 공화당 주지사들을 예로 들며 이곳 주민들이 민주당 정치인만 선출하지는 않는다고 말해 주었다.

2024년 8월, 나는 데이비드에게 한 가지 제안을 했다. 하루만이라도 비디오 게임을 할 시간에 11월에 있을 선거에 대해 인터넷으로 검색해 보자고. 대선에만 초점을 두지 말고 국회의원과 뉴저지주나 우리 카운티 소속 후보들에 대해서도 자세히 알아보자고 말이다. 다음 날, 데이비드는 선거 참여의 중요성, 특히 올해 선거의 도덕적 시급성을 깨달았다고 말했다.

아들이 무엇을 읽었는지, 또 어떤 후보에게 자신의 소중한 표를 주었는지 나는 모른다. 하지만 우편 투표 규칙과 설명을 내게 꼼꼼히 읽어 주는 아들의 목소리에서 어른스러움을 느꼈다. 올해 뉴저지에서 미국 상원에 출마한 한국계 미국인 앤디 킴에 관한 이야기를 나누며 우리 세 식구는 2024년 선거를 마쳤다.

2024.10.24.

좋은 사람들이
더 많은 세상

하나. 지난주 목요일 퇴근길. 회사 문을 나와 찻길을 건너 지하철역으로 가던 중이었다. 지하철로 내려가는 계단 앞에서 케인으로 첫 계단을 확인하고, 오른쪽 난간 쪽으로 이동하려는 찰나, 같은 계단으로 올라오던 남자가 갑자기 험한 목소리로 욕설을 퍼부으며 비키라고 소리를 질렀다. 거친 단어도 충격이었지만, 그의 목소리에 담긴 분노가 더 놀라웠다. 내가 흠칫 놀라자 내 옆에서 다른 남자가 말했다. "이츠 오케이, 유 알 오케이.(It's okay. You are okay.)" 그의 차분하면서 온유한 말투에 금세 나는 안도감이 들었고, 고맙다는 인사를 전하며 갈 길을 갔다. 시각장애인으로 48년을 살아오면서 나는 혼자 다니며 수많은 이들의 친절을 경험했다. 분노와 욕설로 나를 위협한 사람은 그날 그 남자가 유일했다.

둘. 미 대선에 당선된 대통령이 미국 역사상 최대 규모의 불법 체류자 추방을 단행하겠다고 공약했다. 대선 다음 날, 키가 2미터 3센티미터나 되는 내 친구 폴에게서 전화가 왔다. 매년 야나 유학생들을 위해 수만 달러를 기부해 온 그가 이번에는 이웃의 한 불법 체류자의 자녀를 돕고 싶다고 했다. 미국에서 태어난 엄연한 시민권자지만, 부모가 불법 체류자라는 이유로 대학 장학금을 못 받는 게 말이 안 된다며, 두 달 전 대학에 입학한 그 학생의 학비를 지원하기로 아내와 결정했단다. 키만큼 마음도 큰 폴과 같은 이들이 세상에 분명 더 많을 거라고 믿는다.

셋. 통근길에 만나 친구가 된 S와는 한 달에 한 번 정도 점심 식사를 함께한다. 지난주 금요일에도 우리가 즐겨 찾는 태국 식당에서 만나 늘 주문하는 카레와 국수를 시켰다. 시곗줄이 빠져서 점자 시계를 손목에 차고 다니지 못한다는 얘기를 내가 꺼냈더니, S는 식사가 나오기 전에 인터넷 검색을 해 보고, 시계 가게 두 군데에 전화까지 했다. 새 핀으로 시계 줄을 연결하는 데 적어도 25달러가 든다는 걸 알게 된 그는 전화를 끊고 내게 말했다. 인터넷에서 핀을 사서 직접 시계를 고쳐 주겠다고. 나는 주머니 속 시계를 S에게 건넸고, 이번 주 화요일에 수리된 시계를 돌려받아 다시 손목에 찼다. S는 핀값이 커피 한 잔 값도 안 된다며 따로 돈을 받지도 않았다.

  넷. 보육원 아동들을 12년 넘게 섬겨 온 '야나 미니스트리'는 현재 다섯 명의 유학생을 후원하고 있다. 대학 학비가 매우 비싼 미국에서 말이다. 지난달, 한 지인이 내게 물었다. 그 학생들이 전부 졸업할 때까지 필요한 총비용이 얼마나 될 것 같냐고. 나는 매 학기 업데이트해 온 스프레드시트에 기록된 예상 총액을 말해 주었다. 대략 43만 2000달러. 그리고 지난주 목요일이었다. 야나 계좌에 기부금이 들어왔다. 43만 2000달러!

  다섯,

  여섯,

  일곱…….

2024.11.25.

약속을 지키는
최고의 방법, 머니

지난 8월부터 나는 내 책 두 권을 낸 출판사의 편집장님과 약속을 했다. 매주 짧은 에세이 두 편을 써서 보내 주기로. 처음 몇 주는 꾸준히 약속을 지켰다. 하지만 시간이 흐를수록 쓸 만한 주제가 떠오르지 않았다. 에세이 한 편만 완성하는 주도 있었고, 한 편도 보내지 못한 주도 있었다. 회사 일이 바빠서 글을 못 썼다며 죄송하다는 이메일만 보낸 적도 있었다.

그제 컴퓨터 기록을 찾아보니 마지막으로 에세이를 보낸 지 거의 한 달이 지났음을 알게 되었다. 상황이 심각하다는 걸 새삼스럽게 깨달았다. 내년에 세 번째 책을 출간하기 위해서는 정말 특단의 대책이 필요했다.

나는 2015년에 첫 책을 냈다. 그 후 《매일경제》와 《조선일보》에 각각 5년, 2년 반 동안 정규 칼럼을 썼고, 여러 잡지에서도 에세이 청탁을 받곤 했다. 그때는 마감을 잘 지켰는데 요즘은 왜 약속을 못 지키는 걸까 생각해 보니, 자연스럽게 답이 나왔다. 답은 바로 돈이었다. 칼럼을 써 보내면 얼마 지나지 않아 사례비가 입금되었다. 내가 글을 쓰는 데 돈이 유일한 동기는 아니었지만, 시간 약속을 지키는 데는 큰 역할을 했던 것이다.

돈을 버는 것이 긍정적인 인센티브라면 돈 잃는 일을 피하는 것은 더 큰 인센티브일 것이다. 워런 버핏은 딸 수지에게 만 달러짜리 수표를 써 준 적이 있다고 한다. 아버지의 체중이 정해진 수치를 넘으면 지불하겠다는 조건이 적힌 수표였다. 그 후 버펫은 신경 써서 음식을 섭취했고, 아이스크림과 맥도날드 버거 등으로 유혹하는 딸의 속삭임도 무시했다. 결국 수지는 날짜가 지나서 말소된 수표를 아버지에게 돌려주었다.

그래서 나도 아내 그레이스와 약속했다. 매주 월요일까지 내가 에세이를 한국으로 보내지 않으면, 아내 계좌에 돈을 입금해 주기로. 한 편도 안 보내면 100달러, 한 편만 보내면

50달러.

2025년엔 꼭 세 번째 책을 출간할 수 있지 않을까. 아내에게 수천 달러의 벌금을 내지는 않을 테니까. 아내도 매주 돈을 받기보다는 남편이 글을 열심히 쓰기를 더 원할 것이다. 과연……?

2024.11.25.

창피한 일을 웃음으로

오랫동안 풀지 못했던 역사의 미스터리를 풀어 세상에 발표하는 것만큼 멋진 일도 없을 것이다.

어밀리아 에어하트는 대서양을 홀로 횡단한 최초의 여성 비행사다. 1937년 6월 1일, 그녀는 세계를 최초로 일주한 여성이란 기록을 목표로, 항법사 프레드 누넌과 2만 9000마일(4만 6400킬로미터)의 비행을 시작했다. 그리고 에어하트와 누넌이 탑승한 록히드 엘렉트라 10E 비행기는 1937년 7월 2일에 태평양 상공에서 자취를 감췄다.

그들의 실종에 대한 설은 다양하다. 바다에 추락했다는 설부터, 무인도에 난파한 후 사망했다는 설, 심지어 전쟁을 준비하던 일본군에게 잡혔다는 설까지.

많은 이들이 에어하트의 미스터리를 풀기 위해 노력해 왔다. 그중 해양탐사 기업, 딥씨비전(Deep Sea Vision)이 2024년 1월, 놀라운 뉴스를 전했다. 에어하트의 비행기가 추락했을 것으로 추정되는 지점을 중심으로 약 5,200제곱마일(1만 3300제곱킬로미터)을 해저 드론으로 조사한 결과, 마침내 그녀의 비행기를 발견한 것 같다는 뉴스였다. 그들이 세상에 내어놓은 소나(SONAR) 이미지는 그 위치로 보나 규모로 보나 모양으로 보나 에어하트와 누넌의 록히드 엘렉트라일 가능성이 높아 보였다.

그러나 지난달, 딥씨비전은 해저 4.6킬로미터까지 더 깊이 내려가 촬영한 고해상도 사진과 함께 실망스러운 소식을 전했다. 그들이 발견한 것은 에어하트의 비행기가 아니라, 비행기 모양을 한 암석 지형이었다. 마치 그것은 오래전 사라진 비행기의 흔적을 찾으려 애쓰는 인간들을 위해, 자연이 미리 준비해 둔 창조물 같았다.

딥씨비전의 대표는 에어하트의 비행기를 계속 수색하겠다고 밝혔다. 동시에 그들은 세간의 웃음거리가 될 법한 이 일을 뛰어난 유머 감각을 통해 작은 사업 기회로 바꿨다. '돌을 찾아내는 딥씨비전(Deep Sea Vision: We Find Rocks)' 티셔츠를 제작해 판매하기 시작한 것이다.

    웃어넘길 일들을 우리는 때로 너무 심각하게 받아들인다. 그럴 때마다 꺼내 입으려고 이 티셔츠를 주문해야겠다. 앗! 몇 벌을 사야 할까? 그런 일이 너무 자주 있지 않나?

2024.12.02.

감사절에 특별히 감사하게 된 이유

한국의 추석이나 설처럼 미국에도 큰 명절이 있다. 매년 11월 넷째 목요일에 지내는 추수감사절. 이날은 문화권이나 종교의 차이 등을 초월해 모든 미국인이 중요하게 여기는 명절이다. 그래서 감사절 전날인 수요일과 그 직후 일요일에는 가장 많은 미국인이 비행기, 자동차, 기차, 버스 등으로 길을 떠나고 돌아온다.

올해는 딸 예진이가 감사절에 일을 해야 해서 집에 올 수가 없었다. 그래서 나와 아내는 아들 데이비드가 있는 곳으로 가기로 계획을 세웠다. 집에서 차로 두 시간 반 거리에 있는 대학에 다니는 아들은 요즘 학교 과제 중 자신에게 제일 중요한 애니메이션 프로젝트에 몰두하고 있어서 학교 아트센터에서 밤을 새우는 날이 많다고 했다. 그런 아이에게 3~4일간 집에 다녀가라고 하기보다는 차라리 우리가 아이 곁으로 가서 2박 3일을 함께 보내기로 한 것이다.

비가 오는 목요일 아침, 우리는 데이비드가 있는 사라토가 스프링스로 향했다. 뉴욕주 주도인 올버니보다 더 북쪽에 있는 그곳 근처에는 눈이 펑펑 내리고 있었다. 그래서 두 시간 반이면 갈 수 있는 거리를 세 시간 십오 분 동안 아내가 위험한 도로 컨디션을 감수하며 운전을 해서 갔다. 그래도 아들을 보며 아내는 무척 행복해했다.

그런데 아들은 우리가 묵는 호텔 방에서 주로 잠만 잤다. 목요일 오후 5시부터 그다음 날 아침까지, 그다음 날도 비슷하게. 데이비드는 한국 음식이 먹고 싶지 않냐는 엄마의 질문에도, 새로 나온 영화를 같이 보자는 나의 제안에도 특별한 감흥 없이 답을 했다. 마치 한국 음식은 먹어도 그만, 안 먹어도 그만이라는 듯이.

아내가 쇼핑하러 나간 틈을 타 나는 아이에게 물었다. 엄마의 질문에 왜 그렇게 무뚝뚝하게 반응하느냐고. 올해 열아홉 살인 아들이 말했다. 자신의 삶을 표현할 만한 가장 대표적인 단어는 컨텐트먼트(Contentment)라고. 그건 평화롭고 만족스럽게 지낸다는 뜻의 단어였는데, 엄마 아빠와 같이 있는 것은 좋지만, 무엇을 먹고 어떤 영화를 보느냐는 자신에겐 그다지 중요하지 않다는 것이었다. 점심을 먹으면 저녁 메뉴를 고민하는 나에겐, 그런 아이의 답이 마치 도를 깨달은 이의 지혜처럼 들렸다. 아들은 자신에게 정말 중요한 것은 몇 되지 않는다면서, 우선 요즘 몰두하고 있는 아트 프로젝트를 제시간에 제대로 해내고 싶다고 했다.

  소수의 중요한 것들만 남기고, 그 외에는 모두 작은 일로 여기며 크게 심각하게 받아들이지 않고 살아가는 것. 그렇게만 할 수 있다면 정치인들, 종교 지도자들, 인플루언서들의 외침도 나의 감정이나 선택에 큰 영향을 미치지 못할 것이다. 정말 그렇게 살 수만 있다면 평화롭고 만족스러운 삶을 누릴 수 있겠다는 생각이 들었다.

2024.12.02.

기억에 남을 일, 마음에 남을 일

하나. 2024년 12월 3일. 회사에서 아침 브리핑을 준비하는데, 한 동료가 다가와 묻는다. 혹시 북한이 한국을 공격하기 시작했느냐고. 한국 대통령이 계엄령을 선포했다는 뉴스 헤드라인을 보고는 즉각 떠오른 생각이었단다. 나는 한국에 사는 어머니와 형제 가족들과 야나 미니스트리가 지원하는 보육원 친구들, 그리고 그들에게 크리스마스 선물을 전하기 위해 한국에 나간 야나 사람들이 떠올랐다. 다들 무사해야 할 텐데.

둘. 다음 날, 근처 뉴저지 교회에서 만났던 지인이 아내에게 전화를 걸어 와 물었다. 한국에서 입양되어 온 한 청소

년을 돕고 싶은데 어떻게 해야 하느냐고. 양부모에게 학대를 당한 그 아이는 부모가 유죄 판결을 받은 후, 뉴저지주에서 보호하는 아동이 되었다고 했다. 한 위탁가정에서 생활하고 있는데, 시각과 청각 장애 위험까지 겪고 있다고 했다. 지인은 그 아이의 가족이 되어 주고 싶다면서 상담을 요청해 온 것이었다. 뉴저지에서 위탁가정 자격을 얻으려면 최소 5개월이 걸린다. 아내가 내게 말했다. 혹시 모르니까, 우리도 자격 취득을 하자고. 아휴, 여보, 우리 나이가…… 하지만 불쌍한 그 아이가 뇌리를 떠나지 않았다. 어떻게 도울 방법이 없을까? 우선 아이를 직접 만날 기회를 마련해 달라고 지인에게 부탁했다.

셋. 그다음 날, 한국 뉴스 미디어에 귀를 기울이고 있던 내게 아내가 지인에게서 들은 소식 하나를 전해 주었다. 우리가 야나를 통해 후원하고 있는 아이들 중 어린 형제 둘이 있는데, 최근 서울시에서 나온 직원이 보육원에서 생활하면서 가장 행복했던 기억이 뭐냐고 묻자 이렇게 말했단다. 미국에 있는 엄마 아빠가 가끔 와서 맛있는 것도 사 주고, 선물도 갖다 주면서 시간을 같이 보낼 때라고. 그 어린 가슴 속에 우리가 엄마 아빠로 기억되고 있었단다.

넷. 같은 주 금요일, 딸 예진이가 학기를 마치고 집으로 돌아왔다. 아내가 공항에 가서 예진이를 픽업하고, 오는 길에 장도 같이 보고, 밥도 같이 먹고 집에 왔다. 그러곤 예진이가 내게 따지듯 말한다. 엄마가 암일지도 모른다는 진단을 받고 더 추가 정밀 검사를 받았다는데, 왜 자신에게 말하지 않았느냐고. 확실한 일도 아닌데, 너까지 걱정할 필요는 없지 않느냐고 했다. 예진이는 매우 서운한 기색으로 그런 일에 대해서는 꼭 말해 달라고 한다. 열두 살 때 우리 가족이 된 예진이의 단단한 목소리에서 새삼 감동을 느낀다.

   다섯,

   여섯,

   일곱…….

2024.12.09.

행복은
오늘을 보는 마음

지난 주일은 특별한 날이었다. 우리가 10년 전까지 다니던 교회에서 은퇴하신 목사님이 지금 우리가 다니고 있는 교회로 설교를 하기 위해 왔다. 게다가 전 교회에서 같이 신앙생활을 하다가 캘리포니아로 이사 간 부부도 왔고, 그들과도 우리와도 친했던 한 커플도 오랜만에 목사님을 뵙고 설교도 듣기 위해 왔다. 아내는 이런 좋은 기회도 없다며 모두를 우리 집으로 초대했다.

목사님 부부와 오랫동안 그분들을 따르던 세 커플이 점심 식탁에 둘러앉아 매콤한 파스타와 돼지갈비 바비큐, 샐러드를 즐기며 네 시간 넘게 대화의 꽃을 피웠다. 그것도 모자라 목사님께서 저녁을 사겠다며 근처 한국 식당으로 옮겨 이야기는 두 시간 더 이어졌다.

그날 목사님의 설교 주제는 '행복'이었다. 어떻게 하면 행복하게 살 수 있을까? 자리에 함께한 이들이 모두 50대 후반에서 60대다 보니, 자연스럽게 대화는 자녀들의 근황으로 흘러갔다. 아기였을 때부터 봐 온 아이들이 어느새 대학 졸업을 앞둔 학생이 되었고, 직장 생활을 몇 년 동안 해 온 어른이 되었단다. 와우!

워낙 친했던 사람들이다 보니 자랑을 늘어놓기보다는 아이들에 대한 고민거리를 더 많이 나누었다. 며칠 전 감원 통보를 받은 딸, 2년간 마음에 두었던 여학생에게 고백했다가 친구로 지내자는 답을 들은 아들, 또 좋아했던 비싼 모터사이클을 팔아서 자그마한 사업을 시작했다가 실패를 맛본 아들 등. 식탁에 둘러앉은 이들 중 나를 포함해 감원을 경험한 사람이 둘이었다. 그래서 우리는 감원이 오히려 긍정적인 변화의 길을 열어 주었던 경험담을 들려주었다. 지금은 힘들어도 더 좋은 직장, 더 높은 연봉을 기회가 될 수 있다고. 또 사업에 실패했다는 친구는 그 실패의 경험에서 많은 것을 배웠다고 했다. 그 얘기를 들으며 그날 목사님께서 강조한 메시지가 다시 한번 선명하게 와닿았다. 오늘을 바라보는 나의 관점이 행복과 불행을 결정한다는 가르침이었다.

따지고 보면 걱정거리는 세상에 널려 있지 않나? 영화감독이 되겠다는 꿈을 좀 더 현실적인 진로로 바꾸지 않는 아들 데이비드, 영주권 후원을 해 주는 직장을 꼭 찾아야 하는 딸 예진이, 모든 증권이 너무 비싸다 보니 별 성과를 올리지 못했고, 그래서 자연스레 하게 되는 올해 보너스 걱정(작년 대비 얼마나 줄까?), 조금씩 건강에 문제가 생기고 있는 나와 아내…… 하지만 오늘 행복하지 않을 이유도 따지고 보면, 없다. 친했던 친구들과 반나절을 함께 보내며 웃었고, 존경하는 목사님의 지혜로운 말씀도 들었다. 미래의 여건이, 내일 일어날 수도 있는 일들이 오늘의 행복에 그림자가 되지 않도록, 이 말을 잘 기억하며 살아가자.

2024.12.09.

헤어져 있어도, 가족!

지난 토요일, '야나 미니스트리'의 후원자 80여 명을 초대해 오랜만에 감사 브런치 행사를 열었다. 야나 유학생 3명을 포함한 20명의 봉사자들이 열심히 준비한 덕분에, 북뉴저지에 위치한 멋진 커뮤니티 센터에서 성공적인 행사를 치를 수 있었다. 야나의 여러 프로그램을 상세히 설명하고, 그 프로그램의 혜택을 받아 온 친구들에 대한 이야기를 함께 나누는 시간도 가졌는데, 특히 초대된 야나 가족 중 한 부부의 이야기가 많은 이들의 마음을 울렸다. 그들을 잘 안다고 생각했던 나조차도 깊은 감동을 받았다.

L은 중학교 1학년 때 미국에 온 다른 야나 유학생들과는 달리 고등학교 2학년 때, 그러니까 상대적으로 늦게 유학을 왔다. 영어를 배우는 것이 더욱 어려우리라 판단되어 한국말을 못 하는 가족과 살게 하기로 했다. 그래서 학생들이 다니던 크리스천 학교의 화학 선생님 P와 그의 남편 H의 집에서 2018년부터 생활하게 됐다. 그들은 2009년 네덜란드에서 미국으로 이민 온 부부로, 1남 1녀의 자녀를 둔 독실한 크리스천 가족이었다. 언어의 장벽도 컸지만, 문화의 차이가 더 큰 도전이었다면서 P는 L과의 시작을 설명했다.

열일곱 살의 낯선 아이, 그것도 한국 보육원에서 자란 소년과 미국에 온 지 채 10년도 채 되지 않은 그들이 문제없이 한 가족이 되기는 쉽지 않았다. 여러 번 야나 사람들이 그들의 갈등을 풀어 주기 위해 노력했지만, 결국 2년 뒤인 2020년 여름 L을 한국으로 보내면서 그들의 관계는 돌이킬 수 없는 방향으로 흘러가는 듯했다. 그해 가을 학기, L은 그들의 집과 같은 거리에 있는 다른 선생님의 집에서 1년을 지냈다. 이듬해 9월에는 뉴욕주립대 스토니브룩에 입학했고, 방학 때는 야나 이사님의 집에서 머물며 지냈다. 가끔은 P와 H의 집을 찾기도 했다는 이야기를 전해 들었다.

브런치 행사에서 그 부부는 L이 한국에 갔던 2020년 여름부터 그들의 더 가족다운 관계가 시작되었다고 말했다. L은 한국으로 떠나면서 부부에게 2~3일마다 한 번씩은 자신에게 전화해 달라고 부탁했다. 그들은 매주 그렇게 통화했고, 그때부터 L이 더 솔직하게 자신의 두려움에 대해서 말하기 시작했다고 한다. 예를 들어, 보육원에선 경험하지 못했던 자신만의 방에서 생활하는 것이, 특히 잠을 자는 것이 매우 불편했다고. 또 화장실 공사를 했을 때, 컴컴한 지하실에 있는 임시 샤워실을 쓰는 것이 너무 무서웠다고. 다른 선생님 집에서 살면서도 L은 자주 그 부부의 집에 놀러 갔고, 그들의 대화는 계속되었다. 오목을 같이 두고 팔씨름도 하며 L은 어린 남동생 Y와도 같이 살 때보다 더 친해졌다.

우리는 2020년에 헤어진 그들이 그저 형식적으로 연락하고 가끔 안부 인사만 나누는 관계인 줄로만 알았다. 지금까지 가깝게 지내면서 가족이 되어 보겠다는 노력을 계속 시도하고 있는 줄은 상상도 하지 못했던 것이다. 대학 졸업을 앞둔 L을 향한 그들 부부의 감정은 특별했다. 생활을 함께하면서 갈등을 풀어 간 가족들 못지않게 그들의 관계는 끈끈해 보였다. 그들의 이야기를 들으면서, 가족이 되는 방법이 다 같지는 않아도 결국 가족은 가족이란 것을 새삼스레 알 수 있었다. 보통 가족들도 이런저런 갈등을 경험하지 않나? 서로에 대해 포기하지 않고, 대화로 계속 갈등을 풀어간 그들을 보며, 바로 그것이 성숙한 어른의 모습일 거라는 생각이 들었다.

2024.12.16.

오삼염일, 특별한 크리스마스 선물?

오리 세 마리와 염소 한 마리. 월드비전에서 보낸 이메일에는 틀림없이 오리 세 마리와 염소 한 마리를 선물할 수 있다고 적혀 있었다. 외국에 사는 한 가족이 매일 오리알과 염소젖을 얻을 수 있도록 오리와 염소를 살 돈을 크리스마스 선물로 기부해 달라는 내용이었다. 이메일에 적힌 액수는 145달러, 현재 환율로 계산하면 약 21만 원이었다.

1980년대, 내가 고등학교에 다닐 때였다. 나의 미국 맘 메리는 남편에게 자신의 크리스마스 선물로 아프리카 마을에 우물을 파 주는 사역을 하는 비영리단체에 기부금을 내달라고 부탁했다. 마을 사람들이 물을 얻을 수 있도록 우물을 파는 데 필요한 비용을 기부하는 프로그램이 있었다. 당시 50대였던 내 미국인 부모님은 자신들에게는 필요한 것이 없다며, 선물을 주고받는 대신 의미 있는 자선사업에 기부하는 것으로 크리스마스를 기념하곤 했다.

나와 아내 그레이스도 이제 50대다. 몇 년 전까지만 해도 자신의 돈으로는 사지 않을 것 같은 물건, 이를테면 피부 마사지 패키지나 최신형 핸드폰 같은 것들을 선물했었다. 그런데 올해는 정말 필요한 것도, 원하는 것도 없다는 생각이 들었다. 크리스마스 선물로 뭘 원하느냐는 아내의 질문에 대답을 못 하고 있던 차에, 마침 오리 세 마리와 염소 한 마리를 꼭 필요한 이들에게 보내 주는 것으로 서로에게 크리스마스 선물을 할 수 있다는 걸 알게 되었다. 나는 아내에게는 아무 말 하지 않고, 이번 주 수요일 아침에 '오삼염일' 선물을 주문하고 출근했다.

J는 통근 기차에서 자주 만나는 학교 선생님이다. 50대 초반인 그녀는 공교롭게도 그날 나에게 크리스마스 선물 이야기를 들려주었다. 숙식과 여러 휴양 활동이 포함된 호텔 패키지를 남친에게 선물하기로 했다는 것이었다. 두 사람이 2박 3일 묵으며 즐길 수 있는 패키지의 가격이 2,200달러라

고 했다. 나는 말로는 "오 하우 나이스!(Oh, how nice, 오, 참 좋네)!"라고 하면서도 머리로는 2,200 나누기 145를 하고 있었다. 와우, 그 돈이면 열다섯 가족에게 '오삼염일'을 선물할 수 있는데…… 자신들만의 즐거움을 위해 너무 큰돈을 쓴다는 생각이 순간적으로 들었다.

몇 초 지나지 않아, 다른 이의 선택을 비판적으로 바라본 나의 태도를 깨달았다. 영어에는 "홀리어 댄 다우(holier than thou, 너보다 더 거룩하다)"라는 표현이 있다. 그래도 너보다는 내가 나은 사람이라고 생각하는 태도를 일컫는 말이다. 나는 어렵게 생활하는 이들을 위해 기부금을 내는데, 누구는 그 15배 이상의 돈을 자신들을 위해 쓴다/낭비한다고 생각하는 것만큼 터무니없는 오만도 없을 터다. 좋은 마음으로 선한 일을 한다고 자신을 치켜세우거나 다른 이를 깎아내리려는 충동을 억누르려는 것이 필요함을 느꼈다.

2024.12.23.

견뎌 내고 배우며 성장하다

한국에서 큰 재난이나 사고 소식이 들려올 때마다 가족과 지인들에게 연락한다. 제주항공 무안 참사 뉴스를 접하며 잠을 설쳤던 그날 밤에도, 나는 카카오톡으로 형제들과 친구들에게 연락했다. 태국엔 가 본 적이 없다며 답을 보낸 한 동창의 말, "정말 다사다난하네."

다사다난? 한국말로 쓴 책도 출간하고, 연재 칼럼과 에세이를 오래 썼지만, 이렇게 모르는 단어를 접할 때가 종종 있다. 한국말이 더 편한 아내 그레이스는 물론, 열두 살 때 미국으로 온 딸 예진이도 이 낱말의 뜻을 알고 있었다. 그들은 어떻게 그런 쉬운 단어를 모를 수 있냐며 놀라워했다.

2024년은 내 57년 인생 중 가장 어려운 한 해였다. 오랫동안 섬겼던 교회에서 겉으로는 거룩과 성령 충만을 주장하는 이들의 모순을 보았고, 교회 내의 갈등을 풀기 위해 파견된 종교 지도자들의 부조리와 편애를 경험했다. 홀로 유학을 떠나기 전부터 43년 동안 나를 지탱하며 성장시켜 주었던 신앙의 위기를 감수해야 했다. 아마도 그건 평생을 함께하기로 한 아내, 거의 한 인격체처럼 살아온 그레이스와 헤어지는, 그런 절대 있어서도 안 되고 있을 수도 없는 일 다음으로 나의 정체성, 삶의 목적과 의미를 흔들어 놓은 경험이었을 것이다.

이젠 과거가 된 그 일 외에도 힘든 일이 많았다. 직장에서도 승진 가능성이 매우 희박해졌다는 확신을 얻게 되었다. 팀의 뛰어난 성과에도 불구하고 나의 1년 성과가 기대치에 미치지 못했다는 사실에도 더욱 씁쓸해졌다.

미국과 한국은 물론 전 세계의 앞날을 염려하게 만드는 정치적 흐름과 문화적 환경도 더 상황이 심각해진 듯했다. 제3차 세계대전을 우려하는 전문가들의 주장을 더 이상 불가능한 의견이라고 무시할 수 없게 되었다. 원인을 알 수 없는 여객기 추락 사고로 179명의 생명이 이슬처럼 사라진 그날, 미국의 39대 대통령이자 이념과 당적을 초월해 존경받던 나라의 어른, 지미 카터 씨가 100세를 일기로 돌아가셨다는 소식이 전해졌다.

2024년을 돌아보면, 다사다난이라는 말 그대로, 어려움이 내 삶의 프레임(Frame)을 가득 채웠다. 그러나 동시에 마음을 안정시켜 주는 몇 가지 깨달음도 있었다. 아주 힘든 한 해였지만, 견뎌 내고 배우며 성장했다는 것. 크리스천이란 정체성은 내가 누구인지에서 비롯되고 끝난다는 소중한 사실을 배웠다. 사랑과 인내를 실천하기 위해 본능적인 반응을 억누르며 견뎌 냈다. 예수님은 말씀하신다. 다른 이의 그 무엇이 "네게 무슨 상관이냐? 너는 나를 따르라.(What is that to thee? Follow thou me.)"라고.

2025년을 시작으로 나와 가족, 새로 개척된 교회, 그리고 한국을 넘어 다른 나라의 고아들을 돕기 위해 사역을 넓혀 가기로 한 '야나 미니스트리' 등의 앞날에도 지금은 상상할 수 없는 어려움이 있으리라. 그래도 견뎌 내고 배우며 성장을 거듭할 것이다. 2024년이 선물한 값진 깨달음을 토대로 미래를 환영할 것이다.

2024.12.30.

행운목에 꽃이 핀 1월

영어에 이런 속담이 있다. "애즈 재뉴어리 고우즈, 소우 고우즈 더 이어(As January goes, so goes the year, 1월에 일어난 일과 비슷한 일들이 그해 내내 일어난다.)" 2025년의 시작을 생각하면, 이 속담이 올해만은 맞아떨어지지 않기를 바란다.

2024년 마지막 날, 우리 가족은 북뉴저지의 추운 날씨를 피해 캘리포니아 샌디에이고로 떠났다. 따스한 초여름의 날들을 기대하며 시작한 여행이었지만, 낡은 보잉 737-800에 올랐을 때부터 예감이 좋지 않았다. 비행기 좌석도 매우 좁았고, 개인 스크린이나 USB 포트도 없었다. 게다가 리조트에 도착했을 때, 가족 여행 중에 일어나면 안 될 일이 일어났다. 감기 기운이 조금 있었던 아내 그레이스에게 독감 증상이 보이기 시작한 것이었다. 그래서 우리는 한동안 푹 쉬기로 했다. 매년 하던 뉴 이얼스 이브(New Year's Eve) 칵테일파티도, 1월 1일에 계획했던 일정도 다 취소했다.

2025년 1월 1일, 미국인들은 두 건의 테러 사건 뉴스를 접하며 한 해를 시작했다. 새해맞이 파티로 인파가 몰렸던 뉴올리언스에서는 트럭이 돌진하여 14명이 사망했고, 라스베이거스 트럼프 인터내셔널 호텔 근처에서는 테슬라 사이버트럭 폭발 테러가 있었다. 거기서 그치지 않고 불안한 소식은 계속됐다. 캘리포니아에서 비행기가 추락했고, 뉴욕에서는 총기 사건 소식이 전해졌으며, 며칠 뒤에는 역사적인 피해를 초래하게 될 대형 산불 사태가 로스앤젤레스 지역을 강타하기 시작했다.

가족 중 유일하게 운전을 하는 아내의 건강은 급속도로 악화됐고, 결국 계획한 일 중 반도 못 한 채 기억에 남을 만큼 우울한 가족 여행이 끝이 났다. 뉴저지로 돌아오기 이틀 전부터 나마저 독감에 걸려 며칠간 출근도 못 했다. 좋지 않은 조짐으로 가득한 보름을 보내며 불안해지기 시작했다. 힘들었던 2024년을 보내고 희망찬 새해를 맞이하고 싶었는데, 과연 '해피 뉴 이어(Happy New Year)'가 될 수 있을까?

1월 14일 저녁. 올해 첫 출근을 마치고 돌아온 집에서 이상한 냄새가 났다. 무슨 냄새냐고 아내에게 물었다. 아내는 잘 모르겠다며 집 안을 둘러보다가 근래 자주 듣지 못했던 밝은 목소리로 말했다.

"어머, 행운목에 꽃이 폈어!"

나는 행운목이 어떤 식물인지, 그리고 왜 그런 이름이 붙었는지 모른다. 행운목에 꽃이 피면 좋은 일이 생길 가능성이 높아지나? 그건 미신 같은 생각인 듯하지만, 그래도 기분은 좋았다. 행운목 꽃에서 나는 냄새라니 더 향기롭다는 생각까지 들었다. 그 향내는 밤이 되면 온 집 안을 채울 정도로 강해진다. 마치 주위를 덮은 어두움을 중화하듯이.

1월에 일어나는 일들에 대한 속담이나 행운목 꽃에 대한 생각은 둘 다 과학적이지 않다. 그래도 안 좋은 일들이 가져다주는 불안감보다는, 나도 확실히 느낄 수 있는 행운목의 꽃향기에 더 무게를 두기로 했다. 2025년은 아직 50주나 남았고, 올해가 어떻게 진행될지는 나에게, 그리고 나를 인도해 주시는 하나님께 달려 있음을 되새기면서.

2025.01.23.

1,461일의 딜레마, 답은 노래하며 지내기

싫어하는 무언가를 없는 것처럼 무시하거나, 필터나 벽 등으로 막아 버리는 일은 그저 자신의 약함을 증명하는 삶의 태도라고 본다. 받아들이기 힘든 현실을 인정하고 그 일이나 그 사람을 똑바로 마주하며 하루하루를 살아내는 것이 용기라고, 지혜라고 생각한다.

2025년 1월 20일. 도널드 존 트럼프 씨가 47대 대통령으로 취임하던 날 아침, 나는 그의 임기를 계산했다. 미국 대통령의 임기는 4년, 따라서 2025년 1월 20일 정오부터 2029년 1월 20일 정오까지, 총 1,461일. 헌법상 세 번째 임기는 불가능하니 이 기간만 잘 넘기면 된다고 생각했다.

경제적으로 보면 트럼프 대통령이 추구하는 정책, 예를 들어 세금을 내리고 정부 예산 낭비를 줄이는 정책 등은 우리 가족에게는 득이 된다. 그러나 내가 트럼프 대통령을 좋아하지 않는 이유는 크게 세 가지다. 첫째, 지극히 비크리스천적인 사고, 즉 "미국이 먼저!"를 외치는 그가 이웃은 물론 원수까지 사랑하라고 명령받는 크리스천들의 지지를 한몸에 받고 있다는 사실 때문이다. 둘째, 무엇보다 두려움으로 적을 위협하며 자신이 원하는 바를 이룬다는 점이다. 셋째, 성공은 자신의 공으로, 실패는 남의 탓으로 돌리는 유치원생 수준의 인격이다. 그러나 오는 4년 동안 그는 내가 사는 미국의 국민이 선출한 대통령이다. 따라서 어느 정도의 존중은 받을 자격이 있다고 본다. 무엇보다 미국의 정치 기관들과 법을 준수하는 시스템을 믿기에 다른 나라로 이민 갈 따위의 생각은 없다.

그러다가 문득 이런 생각이 떠올랐다. 1,461일 동안 마치 치과 의사의 치료를 받는 것처럼, 같이 있기 싫은 이와 강제 데이트를 하듯이, 이를 악물고 하루하루 버티는 것은 너무 억울하지 않나 하는 생각. 내가 왜 그렇게 살아야 할까? 말이 안 된다는 결론을 내렸다. 따지고 보면 나를 불편하게 하는 이들이 정치적 권력자가 될 수도 있고, 내 상사가 될 수도 있다. 내가 사랑하는 이가 갑자기 변할 수도 있지 않나. 내게 일어날 수 있는 불행 중, 마음에 안 드는 정치 상황은 그리 큰 문제가 아닐 수도 있다. 미국의 민주주의가 파괴될지도 모른다는 걱정은 과도한 상상에서 비롯되었을 수도 있다.

생각이 여기까지 이르렀을 때, 나는 기도를 하기 시작했다. 다가올 1,461일을 즐겁게 살아갈 수 있게 인도해 달라는 기도. 항상 함께해 주셨던 하나님의 임재를 더 확실히, 매일 느끼며 살고 싶다고. 하나님과의 대화가 거기까지 갔을 때, 노래를 흥얼거리고 있는 나를 발견했다. 왠지 모르겠으나 그 멜로디는 동요 '둥글게 둥글게'였다. 새벽 묵상 시간에 어울리지 않게. 그러면서 다짐했다. 하루를 노래하며 시작하고 노래하며 끝내기 위해 노력하기로. 주위 사람들과 가족, 특히 아내를 위해서는 소리 내어 노래하는 것보다는 그냥 멜로디만 흥얼거리는 게 좋겠지만.

이 글을 마무리하고 있는 지금, 벌써 3일이 지났다. 노래를 자주 흥얼거리며 지냈고, 1,458일이 남았다. 아이 캔 두 잇.(I can do it.)

2025.01.23.

내가 반대하는 이가
바른말을 할 때

내겐 아주 오래된 펫 피브(Pet Peeve), 즉 사소하지만 나를 매우 짜증 나게 하는 것이 하나 있다. 바로 1달러의 100분의 1 가치를 지닌 동전인 페니다. 거스름돈으로 페니를 받으면, 나는 그것을 빨리 써 버리려 노력한다. 동전을 모아 두는 돼지 저금통에는 절대 넣지 않고, 꼭 뭔가를 현찰로 사면서 없애려 한다. 며칠 전에는 아내가 정성스럽게 도시락을 준비해 주었는데도, 사무실 책상 서랍에서 세 개의 페니를 발견하고 점심을 사러 나갔다. 그리고 결국 15달러 23센트짜리 부리토를 사 먹었다. 이쯤 되면 내가 페니를 싫어하는 것이 병적이라고도 할 수 있겠다.

미국 사회에서 페니는 여러 이유로 없어져야 한다. 첫째, 나와는 달리 대부분의 소비자들은 페니가 수중에 들어오면 쓰지 않고, 저금통이나 유리병, 혹은 서랍 등에 넣어 놓고 잊어버린다. 인플레이션으로 인해 페니의 구매력이 계속 떨어져 왔기 때문이다. 자동판매기나 톨게이트에서도 페니를 받지 않은 지 오래다. 미국 조폐국에서 생산하는 페니 중 약 3분의 2가 사라져 버린다는 통계도 있다. 즉 돌고 돌아야 하는 동전이 사라져 버리기 때문에, 나라는 매년 수십억 개의 페니를 계속 생산할 수밖에 없다.

둘째, 페니의 생산 비용은 계속 오르고 올라서 최근 통계에 따르면 페니 하나를 만드는 데 3.7센트가 든다고 한다. 2024년, 미국은 32억 개의 페니를 만들기 위해 1억 1800만 달러를 썼다는 말이 된다. 결국 미국인들의 집 안에서 썩어갈 무용지물의 동전을 결코 적지 않은 액수의 세금으로 계속 생산한다는 것이 말이 되지 않는다.

셋째, 32억 개의 페니를 만들려면 약 800만 킬로그램의 금속을 채굴해야 한다. 1982년부터 생산된 페니는 97.5%가 아연, 나머지 2.5%가 구리로 만들어진다. 쓸모없는 동전을 만들기 위해 환경에 도움이 되지 않는 채굴 작업까지 해야 하는 것이다.

페니를 없애자는 제안을 내가 처음 접한 것은 2000년대 초였던 것 같다. 국회에서 법으로 통과시키자는 주장도 있었다. 하지만 이 법은 아직까지 통과되지 않았다. 47대 미국 대통령 트럼프 씨가 취임하기 전까지는.

2025년 1월 20일 정오에 취임한 트럼프 씨는 가장 많은 행정명령을 가장 빠르게 서명하고 발표한 대통령으로 기억될 것이다. 그가 내린 행정명령 중에는 조폐국에 지시한 것도 있었다. 페니 생산을 즉시 중단하라는 명령이었다. 속이 후련했다. 페니가 없는 세상을 만들기 위한 첫걸음은 바로 페니의 생산을 중단하는 것이기 때문이다.

의견이 다른 이들로 가득한 요즘 세상. 분열이 점점 심해져 가는 미국과 한국……. 나와 생각이 반대되는 이가 바른 말을 하거나 경제와 국민, 국가에 도움되는 일을 추진할 때가 분명 있을 것이다. 하지만 우리는 그것을 지지하기보다는 불순한 의도를 찾으려고 애쓴다. 이런 욕망을 이겨 내고 싶다. 분열의 열기를 식히는 첫걸음으로서.

2025.02.19.

옳은 것보다 더 나은 것

천재 각본가로 인정받는 아론 소킨이 창작한 드라마 「웨스트 윙(The West Wing)」은 미국 대통령의 집무실이 위치한 백악관의 웨스트 윙에서 일어나는 일들을 담은 TV 시리즈다. 1999년부터 2006년까지 방영된 이 정치 드라마에는 내가 언젠가 책으로 엮어 내고 싶을 만큼 뜻깊고 인간미 넘치는 이야기로 가득하다. 특히 미국이란 나라와 문화를 외국인들에게 재미있게 설명해 주는 책을 쓰고 싶다는 생각을 종종 하는 나에게는 이보다 더 좋은 자료가 없다.

「웨스트 윙」의 주인공은 물론 조사이어 바틀렛 대통령이지만, 사실 이 드라마는 그를 위해 밤낮으로 최선을 다하는 여러 보좌관의 이야기라고 하는 편이 더 정확하겠다. 이들을 한 명씩 소개하는 것은 내 미래의 책에서 하기로 하고, 이번엔 이들 중 하나인 토비에 대해서 이야기하려고 한다. 토비는 대통령의 연설문과 백악관에서 발표하는 모든 메시지를 책임지는 커뮤니케이션 디렉터로, 생각이 퍽 깊은 사람이다. 스마트하고 지혜롭다는 칭찬을 대통령으로부터 자주 듣는 그는 바틀렛 대통령에게 없어서는 안 될 고문 보좌관이다.

드라마 첫 시즌에 잠깐 언급되었던 바틀렛 대통령의 건강 문제가 둘째 시즌에 큰 위기로 떠오른다. 뉴햄프셔주 주지사였던 바틀렛 박사는 대선 출마 5년 전 다발성 경화증 진단을 받았지만, 그 사실을 세상에 공개하지 않았다. 대선 출마를 선언했을 때 병은 일시적 완화 상태였고, 또 당선될 가능성도 희박했기에 자세히 밝히지 않았던 것이다. 그런데 뜻밖에도 민주당 후보로 지명된 그는 결국 대통령으로 당선되어 토비를 비롯해 대선 캠페인을 도운 여러 보좌관들과 함께 백악관에서 일하게 된다.

다른 이들이라면 무심코 넘어갔을 몇 가지 해프닝들을 종합해 뭔가 이상하단 걸 감지하게 된 토비. 그는 마침내 바틀렛 대통령의 비밀을 알게 된 열일곱 번째 사람이 된다. 하지만 이 충격적인 사실을 알고는 오랫동안 함께해 온 대통령의 건강을 걱정하기보다 국민을 속여 온 이들을 책망하는 데 집중한다. 대통령과 영부인은 물론 민주당 지도자들과 군 참모 총장들이 모두 사기 음모에 가담해 주권자들을 속였다고 거침없이 말한다. 누구도 거짓말을 하지 않았고, 누구에게도 거짓말을 하라고 지시하거나 압력을 준 적도 없다는 주장을 비웃으며, 탄핵과 사임 가능성까지 언급한다.

150편이 넘는 이 드라마 시리즈를 서너 번이나 들은 나는 종종 토비와 내가 닮았다는 생각을 하곤 했다. 많은 것을 지나치게 심각하게 받아들이고, 공감하기보다는 분석을 하고, 위로의 말보다는 판단하는 말을 먼저 내뱉는 나의 성격을, 30년 전에 만난 아내 그레이스가 이미 알아차렸듯 나 스스로도 잘 알고 있기 때문이다. 사실 토비가 한 말 중 틀린 것은 하나도 없다. 그러나 그의 모든 발언은 곧 지명될 특별 검사나 공개 청문회를 고집할 공화당 국회의원 등이 퍼부을 비난과 다를 바 없었다. 같은 주장이라도 대통령의 건강을 염려하고 앞으로 닥칠 일을 함께 의논하는 방식으로 대화를 이어 갔어야 한다는 생각이 든다.

백악관 비서 중 처음으로 대통령의 병을 알게 된 다나의 첫마디처럼, 누군가 아프다면 머리로 판단하기에 앞서 이렇게 물어야 할 것이다.

"지금 많이 아프신가요?"

옳은 것보다 더 나은 것이 있음을, 「웨스트 윙」은 나에게 알려 주었다.

2025.03.03.

맺음말

아름다운 음악, 아름다운 세상

한 사람의 끊임없는 열정은 상상을 뛰어넘는 결과를 만들어 낼 수 있다. 많은 이들이 그러했듯이, 벨라음악재단(Bella Music Foundation) 김미라 대표와 나의 인연도 메일로 시작되었다. 그녀가 시각장애인 음악인을 돕는 비영리 단체를 운영하며, 2023년 6월 초 내가 섬기고 있는 야나 미니스트리의 대표 이메일을 통해 연락해 온 것이다. 한국에서 오는 시각장애인 연주자들로 조직된 앙상블의 콘서트에 나를 초대하고 싶다는 내용이었다. 그리고 공교롭게도 같은 시기, 서울 맹학교 시절 친구였던 재혁이에게서도 연락이 왔다. 뉴욕에서 열릴 그의 콘서트에 초대하고 싶다며 오랜만에 소식을 전해온 것이다. 그의 가족들과 저녁 자리는 가졌지만, 예상치 못한 나의 긴급 수술로 인해 콘서트에는 참석하지 못했다.

5개월 후, 김 대표에게서 또 한 통의 이메일이 도착했다. 이번에는 다른 콘서트에 초대한다는 내용이었다. 그렇게 해서 벨라음악재단과 나의 인연은 본격적으로 이어지기 시작했다.

기도 중에 시각장애인 음악인을 돕는 사역을 하기로 결심한 김미라 대표는 사실 그전까지 시각장애인을 알고 지낸 적도 없는 사람이었다. 피아노를 전공하는 유학생 신분으로, 어떻게 그런 일을 시작해야 하는지 알지도 못해서 오랫동안 기도만 했다고 한다. 그러다 2018년 벨라음악재단을 뉴저지에 설립했고, 도움이 될 만한 사람이라면 누구에게든 이메일을 보내며 일을 시작했다.

알고 보니 2023년 초에 내게 연락을 했을 무렵, 그녀는 혹시나 하는 마음에 유네스코(UNESCO)에도 이메일을 보냈다고 한다. 시각장애인을 위한 콘서트를 제안하며 벨라를 파리 본부로 초청해 달라는 요청이었다. 냉정히 생각해 보면, 규모가 너무 작아 현실성이 없어 보이는 제안이었다. 뉴저지 한인 크리스천 음악계 안에서만 알려진 단체의 대표가 유네스코에서 콘서트를 하겠다며 보낸 이메일에 바로 답이 올 리가 없었다. 그러나 김미라 대표는 희망을 잃지 않고 8개월 넘게 꾸준히 이메일을 보냈다. 그리고 마침내 파리에서 긍정적인 답신이 도착했고, 본격적인 협상이 시작되었다.

그 후 나는 뉴저지에서 열린 벨라 콘서트에 참석했고, 한 번은 무대에서 짧은 강연도 했다. 그러던 중 작년에 미라 대표에게서 다시 연락이 왔다. 유네스코가 벨라 행사를 파리 본부에서 열도록 초청하고 모든 면에서 지원하되, 금전적 부담은 전적으로 벨라가 감당해야 한다는 결정이 내려졌다는 것이었다. 따라서 기금 마련이 가장 시급한 과제가 되었다고 했다. 그녀는 후원 이사회를 꾸리려 했고, 나에게 회장을 맡아 달라고 부탁했다.

예산은 결코 적은 액수가 아니었다. 그러나 하나님께서 원하시는 일이라면 재정 때문에 중단된 적이 없었던 야나 미니스트리의 사역을 떠올리며, 나는 힘껏 돕기로 했다. 행사 4주 전까지도 필요한 액수 중 40%가 채 모이지 않았지만, 행사 5일 전에 나머지 기부금을 약속한 개인 재단의 최종 결정이 전해지며 예산이 모두 채워졌다. 결국 김미라 대표의 기도 속에서 시작된 국제 시각장애인 음악 축제가 2025년 9월 16일 파리 유네스코 본부에서 열렸다. 약 1,300석의 좌석은 행사 며칠 전 모두 매진되었다. 상상을 뛰어넘는 기적이었다.

그날, 유네스코 행사에서 나는 프로그램 도중에 무대로 나가 짧은 연설도 했다. 내 글과 강연에 대해 평이 후한 편이 아닌 아내 그레이스도 그날만큼은 나의 연설이 유난히 빛났다고 말해 주었다. 행사를 온라인 라이브 스트리밍으로 본 누나들은 그레이스가 내 외모를 너무 잘 코디해 줬다며 형제 채팅방에 올렸다. 회사 동료들도 인터넷에 올라온 공연 영상을 보고 음악이 너무 좋았다며 칭찬을 아끼지 않았다. 그러나 내가 정말 원했던 성과는 아쉽게도 아직 확실치 않다.

나는 벨라음악재단이 하고자 하는 일이 세상에 널리 알려지기를 바랐다. 시각장애인들이 전문 음악가로 성장하는 길이 더 열리기를 바랐으며, 이번 유네스코 행사가 그 계기가 되길 바랐다. 이를 위해 여러 매체에 연락했고, 한국 언론의 파리 특파원들에게도 취재를 요청했다. 10년 전 내 첫 책이 출간되었을 때 하루 만에 100개 이상의 기사가 쏟아졌던 기억 때문에, 이번엔 그보다 더 큰 반응을 기대했다. 그러나 실제로는 20여 개의 기사에 그치고 말았다. 아쉬움이 컸다.

벨라(bella)는 이탈리아어로 '뷰티풀(beautiful, 아름다운)'이라는 뜻이다. 폭발적인 미디어 반응을 기대했던 나의 마음에 문득 떠오른 이는, 나를 미국으로 이끌어 준 배리 선교사님이었다. 시각장애 학생 캠프에서 피아노를 치던 나를 발견하고, 미국 유학의 길을 열어 준 분이었다. 그렇다. 유네스코 본회의장을 가득 채운 청중 가운데도, 시각장애인 음악인을 돕고자 하는 이들이 분명 있었을 것이다. 또 20여 개의 기사나 유튜브에 올라온 공연 영상을 통해 인연이 닿아 도움을 얻게 될 시각장애인들도 있을 것이다.

나는 그런 연결이 끊어지지 않고 이어지는 세상을 꿈꾼다. 그래서 장애의 어려움 속에서도 하나님이 주신 소질을 마음껏 발휘해, 세상에 아름다운 음악을 선물하는 이들이 더욱 많아지기를 희망한다.

그런 희망을 담아 그날 유네스코에서 했던 나의 짧은 연설을 여기에 남긴다.

*

안녕하세요. 사무총장님, 회원국 대표 여러분, 그리고 신사 숙녀 여러분.

벨라음악재단과 이미 발굴된, 그리고 앞으로 발굴될 수많은 시각장애 음악가들을 대표하여, 이 특별한 기회로 우리를 유네스코에 초대해 주신 데 대해 깊이 감사드립니다.

오늘 우리가 이 자리에서 하고 있는 일은, 단순히 세상을 다른 눈으로 바라보는 몇몇 뛰어난 예술가들의 음악을 선보이는 데 그치지 않습니다. 물론 그들의 음악은 아름답고 감동적이지만, 우리의 더 큰 목표는 인류가 힘을 합칠 때 불가능하다고 여겨졌던 일이 가능하고, 실현 가능하며, 심지어는 흔한 일이 될 수 있음을 세상에 보여 주는 것입니다.

Good evening, Mr. Secretary, representatives of member states, ladies, and gentlemen. On behalf of Bella Music Foundation and the many blind and visually impaired musicians, discovered and yet to be discovered, I would like to thank you for inviting us to UNESCO for this extraordinary opportunity. What we are doing here today is much more than showcasing the music made by some outstanding artists who see the world differently. Although their music is beautiful and moving, our bigger goal today is to show the world that united human efforts can bring what was considered impossible into the realm of the possible, doable, and even common.

저는 한때 세계적인 콘서트 피아니스트가 되는 것을 꿈꾸었습니다. 매일 레슨을 받고, 점자 악보 읽기를 배우고, 모든 곡을 외워서 연주하며, 연습하고 또 연습했습니다. 그렇게 많은 연습이 언젠가 저를 파리, 유네스코의 무대까지 이끌어 줄 줄은 상상조차 하지 못했습니다. 카네기 홀보다 더 멋지지 않나요?

I once aspired to becoming a world-famous concert pianist. I took daily lessons, learned to read braille music, played every piece by memorizing it, and practiced, practiced, and practiced. I never dreamed that all that practicing would someday bring me to Paris and to the UNESCO concert stage. Better than the Carnegie Hall! Don't you think?

저는 이렇게 믿습니다. 우리가 서로에게 해야 할 일은, 주어진 각자의 재능을 격려하고, 가꾸고, 충분히 발전할 수 있도록 보장하는 것입니다. 저의 경우 재능이 부족하여 그 꿈은 어린 시절의 허황된 꿈으로만 남았지만, 오늘 밤 이 무대의 마지막 음이 사라질 때쯤이면 여러분 모두가 동의하실 겁니다. 이 음악가들이 타고난 재능은 인류의 소중한 자원이며, 결코 낭비되어서는 안 된다는 사실을 말입니다. 그들의 예술은 큰 무대에서, 많은 관객 앞에 서야 마땅합니다.

This is what I believe. What we owe each other is ensuring that the given talents of each person are encouraged, cultivated, and allowed to be developed in full. Due to an obvious lack of talent, my aspiration was just one of those unrealizable dreams children have. But when the last notes fade away this evening, you will realize and agree that the talents with which these musicians have been gifted are humanity's resources which must not go to waste. Their art belongs on many stages before large audiences.

앞을 못 보는 것은 장애입니다. 그러나 오늘날에는 이 장애를 덜 불편하게 만드는 해결책들이 존재합니다. 스크린리더는 시각장애인들이 컴퓨터와 스마트 기기를 사용할 수 있게 하고, 법과 정부 프로그램, 기업의 제도는 독립적인 일상생활, 교육, 직업에서의 장벽을 줄여 줍니다. 안타깝게도 음악 공연 분야에는 여전히 넘기 힘든 장벽이 존재합니다. 시각장애 음악가는 즉석에서 건네받은 악보를 보며 연주하거나 노래할 수 없습니다. 지휘자를 볼 수 없다는 사실만으로도 오케스트라나 합창단의 단원이 되는 길은 훨씬 더 힘들어집니다. 이런 어려움 때문에 시각장애 음악가들이 무대에 설 기회나 전문적인 활동을 이어 갈 기회는 매우 드뭅니다.

Blindness is a disability. Today, solutions exist to make it a less disabling condition. Screen readers enable blind people to use computers and smart devices. Laws, government programs, and corporate practices lessen barriers to independent daily living, education, and careers. Sadly, one of the areas where barriers are still insurmountable is music performance. A blind musician cannot play or sing on the fly with a score just handed to him or her. Not being able to see the conductor means that a career as a member of an orchestra or a choir is much harder. Because of such challenges, opportunities to perform and become professionals are scarce for blind musicians.

벨라음악재단의 궁극적인 사명은 시각장애 음악가들이 자신의 재능을 온전히 계발할 수 있도록 돕는 것입니다. 그런 점에서 오늘 밤의 행사는 매우 중요한 전환점이 될 것입니다. 우리 음악가들은 문화·교육·과학을 증진하는 세계 최고의 기관으로부터 지지와 성원을 얻었습니다. 또한 전 세계적인 관객들에게 자신들을 알릴 수 있었습니다.

전 세계 모든 시각장애 음악가들이 공정한 기회를 얻어 예술가로서 성공할 수 있도록 하는 노력 속에서, 유네스코는 이제 공식적인 후원자가 되었습니다. 여러분의 지지와 모든 회원국의 후원을 통해 언젠가는 시각장애 여부가 훌륭한 음악을 만들어 내는 데 전혀 문제가 되지 않는 날이 올 거라 확신합니다. 그 음악은 세계 곳곳에서 영혼을 울리고, 마음을 움직이며, 생각을 바꾸게 될 것입니다.

Bella Music Foundation's ultimate mission is supporting blind and visually impaired musicians to develop their talents in full. In this, tonight's event will prove to be pivotal. Our musicians have received an endorsement and an expression of support by the main global agency for promoting culture, education, and science. Moreover, they have gained exposure to a worldwide audience. In the global endeavor of giving every blind or visually impaired musician a fair chance to succeed as an artist, UNESCO has become a recognized sponsor. With your support and the support of every member state, we look forward to the day when blindness becomes irrelevant to making great music to inspire souls, move hearts, and change minds the world over.

감사합니다.

Thank you.

파리 유네스코 본부 본회의장에서 열린 국제 시각장애인 음악축제에서
신순규 저자가 연설하고 있다.

할 수 있다 생각하고
방법을 찾아봅시다

1판 1쇄 찍음 2025년 10월 20일
1판 1쇄 펴냄 2025년 10월 29일

지은이 | 신순규
발행인 | 박근섭
책임편집 | 강성봉
펴낸곳 | 판미동

출판등록 | 2009. 10. 8 (제2009-000273호)
주소 | 06027 서울 강남구 도산대로 1길 62 강남출판문화센터 5층
전화 | 영업부 515-2000 편집부 3446-8774 팩시밀리 515-2007
홈페이지 | panmidong.minumsa.com

도서 파본 등의 이유로 반송이 필요할 경우에는 구매처에서 교환하시고
출판사 교환이 필요할 경우에는 아래 주소로 반송 사유를 적어 도서와 함께 보내주세요.
06027 서울 강남구 도산대로 1길 62 강남출판문화센터 6층 민음인 마케팅부

© 신순규, 2025. Printed in Seoul, Korea
ISBN 979-11-7052-682-7 03810

판미동은 민음사 출판 그룹의 브랜드입니다.